TRANZLATY

El idioma es para todos

Η γλώσσα είναι για όλους

El Manifiesto Comunista

Το Κομμουνιστικό Μανιφέστο

Karl Marx
&
Friedrich Engels

Español / Ελληνικά

Published by Tranzlaty
ISBN: 978-1-80572-447-6
Original text by Karl Marx and Friedrich Engels
The Communist Manifesto
First published in 1848
www.tranzlaty.com

Introducción
Εισαγωγή

Un fantasma acecha a Europa: el fantasma del comunismo

Ένα φάντασμα στοιχειώνει την Ευρώπη – το φάντασμα του κομμουνισμού

Todas las potencias de la vieja Europa han entrado en una santa alianza para exorcizar este fantasma

Όλες οι Δυνάμεις της παλιάς Ευρώπης έχουν συνάψει μια ιερή συμμαχία για να ξορκίσουν αυτό το φάντασμα

El Papa y el Zar, Metternich y Guizot, los radicales franceses y los espías de la policía alemana

Πάπας και τσάρος, Μέτερνιχ και Γκιζό, Γάλλοι ριζοσπάστες και Γερμανοί αστυνομικοί-κατάσκοποι

¿Dónde está el partido en la oposición que no ha sido tachado de comunista por sus adversarios en el poder?

Πού είναι το κόμμα της αντιπολίτευσης που δεν έχει επικριθεί ως κομμουνιστικό από τους αντιπάλους του στην εξουσία;

¿Dónde está la Oposición que no haya devuelto el reproche de marca al comunismo contra los partidos de oposición más avanzados?

Πού είναι η αντιπολίτευση που δεν έχει ρίξει πίσω τη μομφή του κομμουνισμού, ενάντια στα πιο προηγμένα κόμματα της αντιπολίτευσης;

¿Y dónde está el partido que no ha hecho la acusación contra sus adversarios reaccionarios?

Και πού είναι το κόμμα που δεν έχει κάνει την κατηγορία εναντίον των αντιδραστικών αντιπάλων του;

Dos cosas resultan de este hecho

Δύο πράγματα προκύπτουν από αυτό το γεγονός

I. El comunismo es ya reconocido por todas las potencias europeas como una potencia en sí misma

I. Ο κομμουνισμός αναγνωρίζεται ήδη από όλες τις ευρωπαϊκές δυνάμεις ως ο ίδιος μια δύναμη

II. Ya es hora de que los comunistas publiquen abiertamente, a la vista de todo el mundo, sus puntos de vista, sus objetivos y sus tendencias

II. Είναι καιρός οι κομμουνιστές να δημοσιεύσουν ανοιχτά, ενώπιον όλου του κόσμου, τις απόψεις, τους στόχους και τις τάσεις τους

deben hacer frente a este cuento infantil del Espectro del Comunismo con un Manifiesto del propio partido

Πρέπει να συναντήσουν αυτό το παιδικό παραμύθι του Φαντάσματος του Κομμουνισμού με ένα Μανιφέστο του ίδιου του κόμματος

Con este fin, comunistas de diversas nacionalidades se han reunido en Londres y han esbozado el siguiente Manifiesto

Για το σκοπό αυτό, κομμουνιστές διαφόρων εθνικοτήτων συγκεντρώθηκαν στο Λονδίνο και σχεδίασαν το ακόλουθο Μανιφέστο

El presente manifiesto se publicará en inglés, francés, alemán, italiano, flamenco y danés

Το παρόν μανιφέστο πρόκειται να δημοσιευθεί στην αγγλική, γαλλική, γερμανική, ιταλική, φλαμανδική και δανική γλώσσα

Y ahora se publicará en todos los idiomas que ofrece Tranzlaty

Και τώρα πρόκειται να δημοσιευθεί σε όλες τις γλώσσες που προσφέρει το Tranzlaty

La burguesía y los proletarios

Αστοί και προλετάριοι

La historia de todas las sociedades existentes hasta ahora es la historia de las luchas de clases

Η ιστορία όλων των μέχρι τώρα υπαρχουσών κοινωνιών είναι η ιστορία των ταξικών αγώνων

Hombre libre y esclavo, patricio y plebeyo, señor y siervo, maestro de gremio y oficial

Ελεύθερος και δούλος, πατρίκιος και πληβείος, άρχοντας και δουλοπάροικος, αφέντης συντεχνίας και τεχνίτης

en una palabra, opresor y oprimido

Με μια λέξη, καταπιεστής και καταπιεσμένος

Estas clases sociales estaban en constante oposición entre sí

Αυτές οι κοινωνικές τάξεις βρίσκονταν σε συνεχή αντίθεση η μία με την άλλη

Llevaron a cabo una lucha ininterrumpida. Ahora oculto, ahora abierto

Συνέχισαν έναν αδιάκοπο αγώνα. Τώρα κρυμμένο, τώρα ανοιχτό

una lucha que terminó en una reconstitución revolucionaria de la sociedad en general

Ένας αγώνας που είτε κατέληξε σε μια επαναστατική ανασύσταση της κοινωνίας στο σύνολό της

o una lucha que terminó en la ruina común de las clases contendientes

ή μια μάχη που κατέληξε στην κοινή καταστροφή των αντιμαχόμενων τάξεων

Echemos la vista atrás a las épocas anteriores de la historia

Ας κοιτάξουμε πίσω στις προηγούμενες εποχές της ιστορίας

Encontramos casi en todas partes una complicada organización de la sociedad en varios órdenes

Βρίσκουμε σχεδόν παντού μια περίπλοκη διάταξη της κοινωνίας σε διάφορες τάξεις

Siempre ha habido una múltiple gradación de rango social

Υπήρχε πάντα μια πολλαπλή διαβάθμιση της κοινωνικής τάξης

En la antigua Roma tenemos patricios, caballeros, plebeyos, esclavos

Στην αρχαία Ρώμη έχουμε πατρίκιους, ιππότες, πληβείους, σκλάβους

en la Edad Media: señores feudales, vasallos, maestros de gremios, oficiales, aprendices, siervos

στον Μεσαίωνα: φεουδάρχες, υποτελείς, συντεχνίες-αφέντες, τεχνίτες, μαθητευόμενοι, δουλοπάροικοι

En casi todas estas clases, de nuevo, las gradaciones subordinadas

Σε όλες σχεδόν αυτές τις τάξεις, πάλι, δευτερεύουσες διαβαθμίσεις

La sociedad burguesa moderna ha brotado de las ruinas de la sociedad feudal

Η σύγχρονη αστική κοινωνία έχει ξεπηδήσει από τα ερείπια της φεουδαρχικής κοινωνίας

Pero este nuevo orden social no ha eliminado los antagonismos de clase

Αλλά αυτή η νέα κοινωνική τάξη δεν έχει εξαλείψει τους ταξικούς ανταγωνισμούς

No ha hecho más que establecer nuevas clases y nuevas condiciones de opresión

Δεν έχει παρά εγκαθιδρύσει νέες τάξεις και νέες συνθήκες καταπίεσης

Ha establecido nuevas formas de lucha en lugar de las antiguas

Έχει καθιερώσει νέες μορφές πάλης στη θέση των παλιών

Sin embargo, la época en la que nos encontramos posee un rasgo distintivo

Ωστόσο, η εποχή στην οποία βρισκόμαστε διαθέτει ένα χαρακτηριστικό γνώρισμα

la época de la burguesía ha simplificado los antagonismos de clase

Η εποχή της αστικής τάξης απλοποίησε τους ταξικούς ανταγωνισμούς

La sociedad en su conjunto se divide cada vez más en dos grandes campos hostiles

Η κοινωνία στο σύνολό της διαιρείται όλο και περισσότερο σε δύο μεγάλα εχθρικά στρατόπεδα

dos grandes clases sociales enfrentadas directamente: la burguesía y el proletariado

δύο μεγάλες κοινωνικές τάξεις άμεσα αντιμέτωπες: η αστική τάξη και το προλεταριάτο

De los siervos de la Edad Media surgieron los burgueses de las primeras ciudades

Από τους δουλοπάροικους του Μεσαίωνα ξεπήδησαν οι ναυλωμένοι αστοί των πρώτων πόλεων

A partir de estos burgueses se desarrollaron los primeros elementos de la burguesía

Από αυτά τα burgesses αναπτύχθηκαν τα πρώτα στοιχεία της αστικής τάξης

El descubrimiento de América y el doblamiento del Cabo

Η ανακάλυψη της Αμερικής και η στρογγυλοποίηση του ακρωτηρίου

estos acontecimientos abrieron un nuevo terreno para la burguesía en ascenso

Αυτά τα γεγονότα άνοιξαν νέο έδαφος για την ανερχόμενη αστική τάξη

Los mercados de las Indias Orientales y China, la colonización de América, el comercio con las colonias

Οι αγορές της Ανατολικής Ινδίας και της Κίνας, ο αποικισμός της Αμερικής, το εμπόριο με τις αποικίες

el aumento de los medios de cambio y de las mercancías en general

Η αύξηση των μέσων ανταλλαγής και γενικά των εμπορευμάτων

Estos acontecimientos dieron al comercio, a la navegación y a la industria un impulso nunca antes conocido

Αυτά τα γεγονότα έδωσαν στο εμπόριο, τη ναυσιπλοΐα και τη βιομηχανία μια ώθηση που δεν ήταν ποτέ πριν γνωστή

Dio un rápido desarrollo al elemento revolucionario en la tambaleante sociedad feudal

Έδωσε γρήγορη ανάπτυξη στο επαναστατικό στοιχείο της παραπαίουσας φεουδαρχικής κοινωνίας

Los gremios cerrados habían monopolizado el sistema feudal de producción industrial

Οι κλειστές συντεχνίες είχαν μονοπωλήσει το φεουδαρχικό σύστημα της βιομηχανικής παραγωγής

Pero esto ya no bastaba para satisfacer las crecientes necesidades de los nuevos mercados

Αλλά αυτό δεν αρκούσε πλέον για τις αυξανόμενες ανάγκες των νέων αγορών

El sistema manufacturero sustituyó al sistema feudal de la industria

Το σύστημα παραγωγής πήρε τη θέση του φεουδαρχικού συστήματος της βιομηχανίας

Los maestros de gremio fueron empujados a un lado por la clase media manufacturera

Οι συντεχνίες-αφέντες ωθήθηκαν από τη μία πλευρά από τη μεσαία τάξη των κατασκευαστών

La división del trabajo entre los diferentes gremios corporativos desapareció

Ο καταμερισμός εργασίας μεταξύ των διαφόρων εταιρικών συντεχνιών εξαφανίστηκε

La división del trabajo penetraba en cada uno de los talleres

Ο καταμερισμός εργασίας διείσδυσε σε κάθε εργαστήριο

Mientras tanto, los mercados seguían creciendo y la demanda seguía aumentando

Εν τω μεταξύ, οι αγορές συνέχισαν να αυξάνονται συνεχώς και η ζήτηση να αυξάνεται συνεχώς

Ni siquiera las fábricas bastaban para satisfacer las demandas

Ακόμη και τα εργοστάσια δεν επαρκούσαν πλέον για να ανταποκριθούν στις απαιτήσεις

A partir de entonces, el vapor y la maquinaria revolucionaron la producción industrial

Στη συνέχεια, ο ατμός και τα μηχανήματα έφεραν επανάσταση στη βιομηχανική παραγωγή

El lugar de la manufactura fue ocupado por el gigante, la Industria Moderna

Ο τόπος κατασκευής ελήφθη από τον γίγαντα, τη σύγχρονη βιομηχανία

El lugar de la clase media industrial fue ocupado por millonarios industriales

Τη θέση της βιομηχανικής μεσαίας τάξης πήραν βιομηχανικοί εκατομμυριούχοι

el lugar de los jefes de ejércitos industriales enteros fue ocupado por la burguesía moderna

Τη θέση των ηγετών ολόκληρων βιομηχανικών στρατών πήρε η σύγχρονη αστική τάξη

el descubrimiento de América allanó el camino para que la industria moderna estableciera el mercado mundial

Η ανακάλυψη της Αμερικής άνοιξε το δρόμο για τη σύγχρονη βιομηχανία να καθιερώσει την παγκόσμια αγορά

Este mercado dio un inmenso desarrollo al comercio, la navegación y la comunicación por tierra

Αυτή η αγορά έδωσε μια τεράστια ανάπτυξη στο εμπόριο, τη ναυσιπλοΐα και την επικοινωνία μέσω ξηράς

Este desarrollo ha repercutido, en su momento, en la extensión de la industria

Αυτή η εξέλιξη, στην εποχή της, αντέδρασε στην επέκταση της βιομηχανίας

Reaccionó en proporción a cómo se extendía la industria, y cómo se extendían el comercio, la navegación y los ferrocarriles

Αντέδρασε ανάλογα με τον τρόπο επέκτασης της βιομηχανίας και τον τρόπο επέκτασης του εμπορίου, της ναυσιπλοΐας και των σιδηροδρόμων

en la misma proporción en que la burguesía se desarrolló, aumentó su capital

στην ίδια αναλογία που αναπτύχθηκε η αστική τάξη, αύξησαν το κεφάλαιό τους

y la burguesía relegó a un segundo plano a todas las clases heredadas de la Edad Media

Και η αστική τάξη έσπρωξε στο παρασκήνιο κάθε τάξη που κληροδότησε από τον Μεσαίωνα

por lo tanto, la burguesía moderna es en sí misma el producto de un largo curso de desarrollo

Επομένως, η σύγχρονη αστική τάξη είναι η ίδια το προϊόν μιας μακράς πορείας ανάπτυξης

Vemos que es una serie de revoluciones en los modos de producción y de intercambio

Βλέπουμε ότι είναι μια σειρά επαναστάσεων στους τρόπους παραγωγής και ανταλλαγής

Cada paso de la burguesía desarrollista iba acompañado de un avance político correspondiente

Κάθε αναπτυξιακό βήμα της αστικής τάξης συνοδευόταν από μια αντίστοιχη πολιτική πρόοδο

Una clase oprimida bajo el dominio de la nobleza feudal

Μια καταπιεσμένη τάξη υπό την κυριαρχία της φεουδαρχικής αριστοκρατίας

una asociación armada y autónoma en la comuna medieval

Μια ένοπλη και αυτοδιοικούμενη ένωση στη μεσαιωνική κομμούνα

aquí, una república urbana independiente (como en Italia y Alemania)

εδώ, μια ανεξάρτητη αστική δημοκρατία (όπως στην Ιταλία και τη Γερμανία)

allí, un "tercer estado" imponible de la monarquía (como en Francia)

εκεί, μια φορολογητέα «τρίτη εξουσία» της μοναρχίας (όπως στη Γαλλία)

posteriormente, en el período de fabricación propiamente dicho

στη συνέχεια, κατά την περίοδο της κατασκευής καθαυτό

la burguesía servía a la monarquía semifeudal o a la monarquía absoluta

Η αστική τάξη υπηρετούσε είτε τη μισοφεουδαρχική είτε την απόλυτη μοναρχία

o la burguesía actuaba como contrapeso contra la nobleza

ή η αστική τάξη ενήργησε ως αντίβαρο ενάντια στην αριστοκρατία

y, de hecho, la burguesía era una piedra angular de las grandes monarquías en general

Και, στην πραγματικότητα, η αστική τάξη ήταν ο ακρογωνιαίος λίθος των μεγάλων μοναρχιών γενικά

pero la industria moderna y el mercado mundial se establecieron desde entonces

αλλά η σύγχρονη βιομηχανία και η παγκόσμια αγορά καθιερώθηκαν από τότε

y la burguesía ha conquistado para sí el dominio político exclusivo

Και η αστική τάξη έχει κατακτήσει για τον εαυτό της την αποκλειστική πολιτική κυριαρχία

logró esta influencia política a través del Estado representativo moderno

πέτυχε αυτή την πολιτική κυριαρχία μέσω του σύγχρονου αντιπροσωπευτικού κράτους

Los ejecutivos del Estado moderno no son más que un comité de gestión

Τα εκτελεστικά όργανα του σύγχρονου κράτους δεν είναι παρά μια διαχειριστική επιτροπή

y manejan los asuntos comunes de toda la burguesía

και διαχειρίζονται τις κοινές υποθέσεις ολόκληρης της αστικής τάξης

La burguesía, históricamente, ha desempeñado un papel muy revolucionario

Η αστική τάξη, ιστορικά, έχει παίξει έναν πιο επαναστατικό ρόλο

Dondequiera que se impuso, puso fin a todas las relaciones feudales, patriarcales e idílicas

Όπου πήρε το πάνω χέρι, έβαλε τέλος σε όλες τις φεουδαρχικές, πατριαρχικές και ειδυλλιακές σχέσεις

Ha roto sin piedad los abigarrados lazos feudales que unían al hombre con sus "superiores naturales"

Διέλυσε ανελέητα τους ετερόκλητους φεουδαρχικούς δεσμούς που έδεναν τον άνθρωπο με τους «φυσικούς ανωτέρους» του

y no ha dejado ningún nexo entre el hombre y el hombre, más allá del puro interés propio

Και δεν έχει αφήσει κανένα δεσμό μεταξύ ανθρώπου και ανθρώπου, εκτός από το γυμνό προσωπικό συμφέρον

Las relaciones del hombre entre sí se han convertido en nada más que un cruel "pago en efectivo"

Οι σχέσεις του ανθρώπου μεταξύ τους δεν έχουν γίνει τίποτα περισσότερο από ανάλγητες «πληρωμές σε μετρητά»

Ha ahogado los éxtasis más celestiales del fervor religioso

Έχει πνίξει τις πιο ουράνιες εκστάσεις θρησκευτικού ζήλου

ha ahogado el entusiasmo caballeresco y el sentimentalismo filisteo

Έχει πνίξει τον ιπποτικό ενθουσιασμό και τον φιλισταϊκό συναισθηματισμό

ha ahogado estas cosas en el agua helada del cálculo egoísta

Έχει πνίξει αυτά τα πράγματα στο παγωμένο νερό του εγωιστικού υπολογισμού

Ha resuelto el valor personal en valor de cambio

Έχει μετατρέψει την προσωπική αξία σε ανταλλάξιμη αξία

Ha sustituido a las innumerables e imprescriptibles libertades estatutarias

Έχει αντικαταστήσει τις αναρίθμητες και ανέφικτες κατοχυρωμένες ελευθερίες

y ha establecido una libertad única e inconcebible; Libre cambio

Και έχει δημιουργήσει μια ενιαία, παράλογη ελευθερία.
Ελεύθερο εμπόριο
En una palabra, lo ha hecho para la explotación
Με μια λέξη, το έκανε αυτό για εκμετάλλευση
explotación velada por ilusiones religiosas y políticas
εκμετάλλευση καλυμμένη από θρησκευτικές και πολιτικές
αυταπάτες
explotación velada por una explotación desnuda,
desvergonzada, directa, brutal
εκμετάλλευση καλυμμένη με γυμνή, ξεδιάντροπη, άμεση,
βάναυση εκμετάλλευση
la burguesía ha despojado de la aureola a todas las
ocupaciones anteriormente honradas y veneradas
Η αστική τάξη έχει απογυμνώσει το φωτοστέφανο από
κάθε προηγουμένως τιμημένο και σεβαστό επάγγελμα
el médico, el abogado, el sacerdote, el poeta y el hombre de
ciencia
Ο γιατρός, ο δικηγόρος, ο ιερέας, ο ποιητής και ο άνθρωπος
της επιστήμης
Ha convertido a estos distinguidos trabajadores en sus
trabajadores asalariados
Έχει μετατρέψει αυτούς τους διακεκριμένους εργάτες σε
μισθωτούς εργάτες της
La burguesía ha rasgado el velo sentimental de la familia
Η αστική τάξη έχει σκίσει το συναισθηματικό πέπλο
μακριά από την οικογένεια
y ha reducido la relación familiar a una mera relación
monetaria
Και έχει μειώσει την οικογενειακή σχέση σε μια απλή
χρηματική σχέση
el brutal despliegue de vigor en la Edad Media que tanto
admiran los reaccionarios
η βάναυση επίδειξη σθένους κατά τον Μεσαίωνα που τόσο
θαυμάζουν οι αντιδραστικοί
Aun esto encontró su complemento adecuado en la más
perezosa indolencia

Ακόμη και αυτό βρήκε το κατάλληλο συμπλήρωμά του στην πιο νωθρή νωθρότητα

La burguesía ha revelado cómo sucedió todo esto

Η αστική τάξη έχει αποκαλύψει πώς συνέβησαν όλα αυτά

La burguesía ha sido la primera en mostrar lo que la actividad del hombre puede producir

Η αστική τάξη ήταν η πρώτη που έδειξε τι μπορεί να επιφέρει η δραστηριότητα του ανθρώπου

Ha logrado maravillas que superan con creces las pirámides egipcias, los acueductos romanos y las catedrales góticas

Έχει επιτύχει θαύματα που ξεπερνούν κατά πολύ τις αιγυπτιακές πυραμίδες, τα ρωμαϊκά υδραγωγεία και τους γοτθικούς καθεδρικούς ναούς

y ha llevado a cabo expediciones que han hecho sombra a todos los antiguos Éxodos de naciones y cruzadas

και έχει πραγματοποιήσει εκστρατείες που έβαλαν στη σκιά όλες τις προηγούμενες εξόδους εθνών και σταυροφορίες

La burguesía no puede existir sin revolucionar constantemente los instrumentos de producción

Η αστική τάξη δεν μπορεί να υπάρξει χωρίς συνεχή επαναστατικοποίηση των μέσων παραγωγής

y, por lo tanto, no puede existir sin sus relaciones con la producción

Και έτσι δεν μπορεί να υπάρξει χωρίς τις σχέσεις της με την παραγωγή

y, por lo tanto, no puede existir sin sus relaciones con la sociedad

Και ως εκ τούτου δεν μπορεί να υπάρξει χωρίς τις σχέσεις της με την κοινωνία

Todas las clases industriales anteriores tenían una condición en común

Όλες οι προηγούμενες βιομηχανικές τάξεις είχαν μια κοινή προϋπόθεση

Confiaban en la conservación de los antiguos modos de producción

Βασίζονταν στη διατήρηση των παλαιών τρόπων παραγωγής

pero la burguesía trajo consigo una dinámica completamente nueva

αλλά η αστική τάξη έφερε μαζί της μια εντελώς νέα δυναμική

Revolucionar constantemente la producción y perturbar ininterrumpidamente todas las condiciones sociales

Συνεχής επαναστατικοποίηση της παραγωγής και αδιάκοπη διατάραξη όλων των κοινωνικών συνθηκών

esta eterna incertidumbre y agitación distingue a la época burguesa de todas las anteriores

Αυτή η αιώνια αβεβαιότητα και αναταραχή διακρίνει την εποχή της αστικής τάξης από όλες τις προηγούμενες

Las relaciones previas con la producción vinieron acompañadas de antiguos y venerables prejuicios y opiniones

Οι προηγούμενες σχέσεις με την παραγωγή συνοδεύονταν από αρχαίες και σεβάσμιες προκαταλήψεις και απόψεις

Pero todas estas relaciones fijas y congeladas son barridas

Αλλά όλες αυτές οι σταθερές, γρήγορα παγωμένες σχέσεις σαρώνονται

Todas las relaciones recién formadas se vuelven anticuadas antes de que puedan osificarse

Όλες οι νεοσχηματισμένες σχέσεις απαρχαιώνονται πριν μπορέσουν να αποστεωθούν

Todo lo que es sólido se derrite en el aire, y todo lo que es santo es profanado

Ό,τι είναι στερεό λιώνει στον αέρα και ό,τι είναι άγιο βεβηλώνεται

El hombre se ve finalmente obligado a afrontar con sus sentidos sobrios sus verdaderas condiciones de vida

Ο άνθρωπος είναι επιτέλους υποχρεωμένος να αντιμετωπίσει με νηφάλιες αισθήσεις τις πραγματικές συνθήκες της ζωής του

y se ve obligado a afrontar sus relaciones con los de su especie

Και είναι υποχρεωμένος να αντιμετωπίσει τις σχέσεις του με το είδος του

La burguesía necesita constantemente ampliar sus mercados para sus productos

Η αστική τάξη χρειάζεται συνεχώς να επεκτείνει τις αγορές της για τα προϊόντα της

y, debido a esto, la burguesía es perseguida por toda la superficie del globo

Και, εξαιτίας αυτού, η αστική τάξη καταδιώκεται σε όλη την επιφάνεια του πλανήτη

La burguesía debe anidar en todas partes, establecerse en todas partes, establecer conexiones en todas partes

Η αστική τάξη πρέπει να φωλιάσει παντού, να εγκατασταθεί παντού, να δημιουργήσει συνδέσεις παντού

La burguesía debe crear mercados en todos los rincones del mundo para explotar

Η αστική τάξη πρέπει να δημιουργήσει αγορές σε κάθε γωνιά του κόσμου για εκμετάλλευση

La producción y el consumo en todos los países han adquirido un carácter cosmopolita

Η παραγωγή και η κατανάλωση σε κάθε χώρα έχει αποκτήσει κοσμοπολίτικο χαρακτήρα

el disgusto de los reaccionarios es palpable, pero ha continuado a pesar de todo

Η θλίψη των αντιδραστικών είναι αισθητή, αλλά συνεχίστηκε ανεξάρτητα

La burguesía ha sacado de debajo de los pies de la industria el terreno nacional en el que se encontraba

Η αστική τάξη άντλησε κάτω από τα πόδια της βιομηχανίας το εθνικό έδαφος πάνω στο οποίο βρισκόταν

Todas las industrias nacionales de vieja data han sido destruidas, o están siendo destruidas diariamente

Όλες οι παλιές εθνικές βιομηχανίες έχουν καταστραφεί ή καταστρέφονται καθημερινά

Todas las viejas industrias nacionales son desplazadas por las nuevas industrias

Όλες οι παλαιές εθνικές βιομηχανίες εκτοπίζονται από νέες βιομηχανίες

Su introducción se convierte en una cuestión de vida o muerte para todas las naciones civilizadas

Η εισαγωγή τους γίνεται ζήτημα ζωής και θανάτου για όλα τα πολιτισμένα έθνη

son desalojados por industrias que ya no trabajan con materia prima autóctona

εκτοπίζονται από βιομηχανίες που δεν παράγουν πλέον εγχώριες πρώτες ύλες

En cambio, estas industrias extraen materias primas de las zonas más remotas

Αντ 'αυτού, αυτές οι βιομηχανίες αντλούν πρώτες ύλες από τις πιο απομακρυσμένες ζώνες

industrias cuyos productos se consumen, no solo en el país, sino en todos los rincones del mundo

βιομηχανίες των οποίων τα προϊόντα καταναλώνονται, όχι μόνο στο σπίτι, αλλά σε κάθε τέταρτο του πλανήτη

En lugar de las viejas necesidades, satisfechas por las producciones del país, encontramos nuevas necesidades

Στη θέση των παλιών επιθυμιών, που ικανοποιούνται από τις παραγωγές της χώρας, βρίσκουμε νέες επιθυμίες

Estas nuevas necesidades requieren para su satisfacción los productos de tierras y climas lejanos

Αυτές οι νέες επιθυμίες απαιτούν για την ικανοποίησή τους τα προϊόντα μακρινών χωρών και κλιμάτων

En lugar de la antigua reclusión y autosuficiencia local y nacional, tenemos el comercio

Στη θέση της παλιάς τοπικής και εθνικής απομόνωσης και αυτάρκειας, έχουμε το εμπόριο

intercambio internacional en todas las direcciones; Interdependencia universal de las naciones

διεθνείς ανταλλαγές προς κάθε κατεύθυνση. Παγκόσμια αλληλεξάρτηση των εθνών

Y así como dependemos de los materiales, también dependemos de la producción intelectual

Και ακριβώς όπως έχουμε εξάρτηση από τα υλικά, έτσι εξαρτόμαστε και από την πνευματική παραγωγή

Las creaciones intelectuales de las naciones individuales se convierten en propiedad común

Οι πνευματικές δημιουργίες των μεμονωμένων εθνών γίνονται κοινή ιδιοκτησία

La unilateralidad nacional y la estrechez de miras se vuelven cada vez más imposibles

Η εθνική μονομέρεια και η στενοκεφαλιά γίνονται όλο και πιο αδύνατες

y de las numerosas literaturas nacionales y locales, surge una literatura mundial

Και από τις πολυάριθμες εθνικές και τοπικές λογοτεχνίες, προκύπτει μια παγκόσμια λογοτεχνία

por el rápido perfeccionamiento de todos los instrumentos de producción

με την ταχεία βελτίωση όλων των μέσων παραγωγής

por los medios de comunicación inmensamente facilitados

με τα εξαιρετικά διευκολυνόμενα μέσα επικοινωνίας

La burguesía atrae a todos (incluso a las naciones más bárbaras) a la civilización

Η αστική τάξη έλκει όλους (ακόμα και τα πιο βάρβαρα έθνη) στον πολιτισμό

Los precios baratos de sus mercancías; la artillería pesada que derriba todas las murallas chinas

Οι φθηνές τιμές των εμπορευμάτων της. το βαρύ πυροβολικό που χτυπά όλα τα κινεζικά τείχη

El odio intensamente obstinado de los bárbaros hacia los extranjeros se ve obligado a capitular

Το έντονα πεισματικό μίσος των βαρβάρων για τους ξένους αναγκάζεται να συνθηκολογήσει

Obliga a todas las naciones, bajo pena de extinción, a adoptar el modo de producción burgués

Αναγκάζει όλα τα έθνη, επί ποινή εξαφάνισης, να υιοθετήσουν τον αστικό τρόπο παραγωγής

los obliga a introducir lo que llama civilización en su seno

Τους αναγκάζει να εισαγάγουν αυτό που αποκαλεί πολιτισμό ανάμεσά τους

La burguesía obliga a los bárbaros a convertirse ellos mismos en burgueses

Η αστική τάξη αναγκάζει τους βαρβάρους να γίνουν οι ίδιοι αστοί

en una palabra, la burguesía crea un mundo a su imagen y semejanza

Με μια λέξη, η αστική τάξη δημιουργεί έναν κόσμο σύμφωνα με τη δική της εικόνα

La burguesía ha sometido el campo al dominio de las ciudades

Η αστική τάξη έχει υποτάξει την ύπαιθρο στην κυριαρχία των πόλεων

Ha creado enormes ciudades y ha aumentado considerablemente la población urbana

Δημιούργησε τεράστιες πόλεις και αύξησε σημαντικά τον αστικό πληθυσμό

Rescató a una parte considerable de la población de la idiotez de la vida rural

Έσωσε ένα σημαντικό μέρος του πληθυσμού από την ηλιθιότητα της αγροτικής ζωής

pero ha hecho que los del campo dependan de las ciudades

Αλλά έχει κάνει εκείνους στην ύπαιθρο εξαρτημένους από τις πόλεις

y asimismo, ha hecho que los países bárbaros dependan de los civilizados

Και ομοίως, έχει καταστήσει τις βαρβαρικές χώρες εξαρτημένες από τις πολιτισμένες

naciones de campesinos sobre naciones de la burguesía, el Este sobre el Oeste

έθνη των αγροτών στα έθνη της αστικής τάξης, η Ανατολή στη Δύση

La burguesía suprime cada vez más el estado disperso de la población

Η αστική τάξη καταργεί όλο και περισσότερο τη διασκορπισμένη κατάσταση του πληθυσμού

Ha aglomerado la producción y ha concentrado la propiedad en pocas manos

Έχει συσσωματώσει την παραγωγή και έχει συγκεντρώσει την ιδιοκτησία σε λίγα χέρια

La consecuencia necesaria de esto fue la centralización política

Η αναγκαία συνέπεια αυτού ήταν ο πολιτικός συγκεντρωτισμός

Había habido naciones independientes y provincias poco conectadas

Υπήρχαν ανεξάρτητα έθνη και χαλαρά συνδεδεμένες επαρχίες

Tenían intereses, leyes, gobiernos y sistemas tributarios separados

Είχαν ξεχωριστά συμφέροντα, νόμους, κυβερνήσεις και συστήματα φορολογίας

pero se han agrupado en una sola nación, con un solo gobierno

Αλλά έχουν συγκεντρωθεί σε ένα έθνος, με μια κυβέρνηση

Ahora tienen un interés nacional de clase, una frontera y un arancel aduanero

Τώρα έχουν ένα εθνικό ταξικό συμφέρον, ένα μεθοριακό και ένα δασμολόγιο

Y este interés nacional de clase está unificado bajo un solo código de leyes

Και αυτό το εθνικό ταξικό συμφέρον ενοποιείται κάτω από έναν κώδικα δικαίου

la burguesía ha logrado mucho durante su gobierno de apenas cien años

Η αστική τάξη έχει επιτύχει πολλά κατά τη διάρκεια της κυριαρχίας της για μόλις εκατό χρόνια

fuerzas productivas más masivas y colosales que todas las generaciones precedentes juntas

πιο μαζικές και κολοσσιαίες παραγωγικές δυνάμεις από όλες τις προηγούμενες γενιές μαζί

Las fuerzas de la naturaleza están subyugadas a la voluntad del hombre y su maquinaria

Οι δυνάμεις της φύσης υποτάσσονται στη θέληση του ανθρώπου και των μηχανών του

La química se aplica a todas las formas de industria y tipos de agricultura

Η χημεία εφαρμόζεται σε όλες τις μορφές βιομηχανίας και τους τύπους γεωργίας

la navegación a vapor, los ferrocarriles, los telégrafos eléctricos y la imprenta

ατμοπλοϊα, σιδηρόδρομοι, ηλεκτρικοί τηλέγραφοι και τυπογραφείο

desbroce de continentes enteros para el cultivo, canalización de ríos

εκκαθάριση ολόκληρων ηπείρων για καλλιέργεια, διοχέτευση ποταμών

Poblaciones enteras han sido sacadas de la tierra y puestas a trabajar

Ολόκληροι πληθυσμοί έχουν εκδιωχθεί από το έδαφος και έχουν τεθεί σε λειτουργία

¿Qué siglo anterior tuvo siquiera un presentimiento de lo que podría desencadenarse?

Ποιος προηγούμενος αιώνας είχε έστω και ένα προαίσθημα για το τι θα μπορούσε να απελευθερωθεί;

¿Quién predijo que tales fuerzas productivas dormitaban en el regazo del trabajo social?

Ποιος προέβλεψε ότι τέτοιες παραγωγικές δυνάμεις κοιμόντουσαν στην αγκαλιά της κοινωνικής εργασίας;

Vemos, pues, que los medios de producción y de intercambio se generaban en la sociedad feudal

Βλέπουμε λοιπόν ότι τα μέσα παραγωγής και ανταλλαγής δημιουργήθηκαν στη φεουδαρχική κοινωνία

los medios de producción sobre cuyos cimientos se construyó la burguesía

τα μέσα παραγωγής πάνω στα θεμέλια των οποίων οικοδομήθηκε η αστική τάξη·

En una determinada etapa del desarrollo de estos medios de producción y de intercambio

Σε ένα ορισμένο στάδιο της ανάπτυξης αυτών των μέσων παραγωγής και ανταλλαγής

las condiciones bajo las cuales la sociedad feudal producía e intercambiaba

τις συνθήκες υπό τις οποίες η φεουδαρχική κοινωνία παρήγαγε και αντάλλασσε·

La organización feudal de la agricultura y la industria manufacturera

Η φεουδαρχική οργάνωση της γεωργίας και της μεταποιητικής βιομηχανίας

Las relaciones feudales de propiedad ya no eran compatibles con las condiciones materiales

Οι φεουδαρχικές σχέσεις ιδιοκτησίας δεν ήταν πλέον συμβατές με τις υλικές συνθήκες

Tuvieron que ser reventados en pedazos, por lo que fueron reventados en pedazos

Έπρεπε να εκραγούν, έτσι έσκασαν κάτω

En su lugar entró la libre competencia de las fuerzas productivas

Στη θέση τους μπήκε ο ελεύθερος ανταγωνισμός από τις παραγωγικές δυνάμεις

y fueron acompañadas de una constitución social y política adaptada a ella

και συνοδεύονταν από ένα κοινωνικό και πολιτικό σύνταγμα προσαρμοσμένο σε αυτό

y fue acompañado por el dominio económico y político de la burguesía

και συνοδεύτηκε από την οικονομική και πολιτική κυριαρχία της αστικής τάξης

Un movimiento similar está ocurriendo ante nuestros propios ojos

Ένα παρόμοιο κίνημα συμβαίνει μπροστά στα μάτια μας

La sociedad burguesa moderna con sus relaciones de producción, de intercambio y de propiedad

Η σύγχρονη αστική κοινωνία με τις σχέσεις παραγωγής, ανταλλαγής και ιδιοκτησίας

una sociedad que ha conjurado medios de producción y de intercambio tan gigantescos

Μια κοινωνία που έχει επινοήσει τέτοια γιγαντιαία μέσα παραγωγής και ανταλλαγής

Es como el hechicero que invocó los poderes del mundo inferior

Είναι σαν τον μάγο που επικαλέστηκε τις δυνάμεις του κάτω κόσμου

Pero ya no es capaz de controlar lo que ha traído al mundo

Αλλά δεν είναι πλέον σε θέση να ελέγξει αυτό που έχει φέρει στον κόσμο

Durante muchas décadas, la historia pasada estuvo unida por un hilo conductor

Για πολλές δεκαετίες η ιστορία ήταν δεμένη με ένα κοινό νήμα

La historia de la industria y del comercio no ha sido más que la historia de las revueltas

Η ιστορία της βιομηχανίας και του εμπορίου δεν ήταν παρά η ιστορία των εξεγέρσεων

las revueltas de las fuerzas productivas modernas contra las condiciones modernas de producción

τις εξεγέρσεις των σύγχρονων παραγωγικών δυνάμεων ενάντια στις σύγχρονες συνθήκες παραγωγής

Las revueltas de las fuerzas productivas modernas contra las relaciones de propiedad

τις εξεγέρσεις των σύγχρονων παραγωγικών δυνάμεων ενάντια στις σχέσεις ιδιοκτησίας

estas relaciones de propiedad son las condiciones para la existencia de la burguesía

Αυτές οι σχέσεις ιδιοκτησίας είναι οι όροι ύπαρξης της αστικής τάξης

y la existencia de la burguesía determina las reglas de las relaciones de propiedad

Και η ύπαρξη της αστικής τάξης καθορίζει τους κανόνες για τις σχέσεις ιδιοκτησίας

Baste mencionar el retorno periódico de las crisis comerciales

Αρκεί να αναφέρουμε την περιοδική επιστροφή των εμπορικών κρίσεων

cada crisis comercial es más amenazante para la sociedad burguesa que la anterior

κάθε εμπορική κρίση είναι πιο απειλητική για την αστική κοινωνία από την προηγούμενη

En estas crisis se destruye gran parte de los productos existentes

Σε αυτές τις κρίσεις ένα μεγάλο μέρος των υπαρχόντων προϊόντων καταστρέφεται

Pero estas crisis también destruyen las fuerzas productivas previamente creadas

Αλλά αυτές οι κρίσεις καταστρέφουν επίσης τις παραγωγικές δυνάμεις που δημιουργήθηκαν προηγουμένως

En todas las épocas anteriores, estas epidemias habrían parecido un absurdo

Σε όλες τις προηγούμενες εποχές αυτές οι επιδημίες θα φαίνονταν παραλογισμός

porque estas epidemias son las crisis comerciales de la sobreproducción

Επειδή αυτές οι επιδημίες είναι οι εμπορικές κρίσεις της υπερπαραγωγής

De repente, la sociedad se encuentra de nuevo en un estado de barbarie momentánea

Η κοινωνία ξαφνικά βρίσκεται ξανά σε μια κατάσταση στιγμιαίας βαρβαρότητας

como si una guerra universal de devastación hubiera cortado todos los medios de subsistencia

Λες και ένας παγκόσμιος πόλεμος καταστροφής είχε κόψει κάθε μέσο επιβίωσης

la industria y el comercio parecen haber sido destruidos; ¿Y por qué?

η βιομηχανία και το εμπόριο φαίνεται να έχουν καταστραφεί· Και γιατί;

Porque hay demasiada civilización y medios de subsistencia

Επειδή υπάρχει πάρα πολύς πολιτισμός και μέσα διαβίωσης

y porque hay demasiada industria y demasiado comercio

Και επειδή υπάρχει πάρα πολλή βιομηχανία και πάρα πολύ εμπόριο

Las fuerzas productivas a disposición de la sociedad ya no desarrollan la propiedad burguesa

Οι παραγωγικές δυνάμεις που έχει στη διάθεσή της η κοινωνία δεν αναπτύσσουν πλέον την αστική ιδιοκτησία

por el contrario, se han vuelto demasiado poderosos para estas condiciones, por las cuales están encadenados

Αντίθετα, έχουν γίνει πολύ ισχυροί για αυτές τις συνθήκες, από τις οποίες δεσμεύονται

tan pronto como superan estas cadenas, traen el desorden a toda la sociedad burguesa

Μόλις ξεπεράσουν αυτά τα δεσμά, φέρνουν αταξία σε ολόκληρη την αστική κοινωνία

y las fuerzas productivas ponen en peligro la existencia de la propiedad burguesa

και οι παραγωγικές δυνάμεις θέτουν σε κίνδυνο την ύπαρξη της αστικής ιδιοκτησίας

Las condiciones de la sociedad burguesa son demasiado estrechas para abarcar la riqueza creada por ellas

Οι συνθήκες της αστικής κοινωνίας είναι πολύ στενές για να περιλαμβάνουν τον πλούτο που δημιουργείται από αυτές

¿Y cómo supera la burguesía estas crisis?

Και πώς ξεπερνάει η αστική τάξη αυτές τις κρίσεις;

Por un lado, supera estas crisis mediante la destrucción forzada de una masa de fuerzas productivas

Από τη μια πλευρά, ξεπερνά αυτές τις κρίσεις με την αναγκαστική καταστροφή μιας μάζας παραγωγικών δυνάμεων

por otro lado, supera estas crisis mediante la conquista de nuevos mercados

Από την άλλη πλευρά, ξεπερνά αυτές τις κρίσεις με την κατάκτηση νέων αγορών

y supera estas crisis mediante la explotación más completa de las viejas fuerzas productivas

Και ξεπερνά αυτές τις κρίσεις με την πιο ολοκληρωτική εκμετάλλευση των παλιών παραγωγικών δυνάμεων

Es decir, allanando el camino para crisis más extensas y destructivas

Δηλαδή, ανοίγοντας το δρόμο για πιο εκτεταμένες και πιο καταστροφικές κρίσεις

supera la crisis disminuyendo los medios para prevenir las crisis

Ξεπερνά την κρίση μειώνοντας τα μέσα πρόληψης των κρίσεων

Las armas con las que la burguesía derribó el feudalismo se vuelven ahora contra sí misma

Τα όπλα με τα οποία η αστική τάξη έριξε τη φεουδαρχία στο έδαφος στρέφονται τώρα εναντίον της

Pero la burguesía no sólo ha forjado las armas que le dan la muerte

Αλλά όχι μόνο η αστική τάξη έχει σφυρηλατήσει τα όπλα που φέρνουν το θάνατο στον εαυτό της

También ha llamado a la existencia a los hombres que han de empuñar esas armas

Έχει επίσης δημιουργήσει τους άνδρες που πρόκειται να χειριστούν αυτά τα όπλα

Y estos hombres son la clase obrera moderna; Son los proletarios

Και αυτοί οι άνθρωποι είναι η σύγχρονη εργατική τάξη. Αυτοί είναι οι προλετάριοι

En la misma proporción en que se desarrolla la burguesía, en la misma proporción se desarrolla el proletariado

Στην αναλογία που αναπτύσσεται η αστική τάξη, στην ίδια αναλογία αναπτύσσεται και το προλεταριάτο

La clase obrera moderna desarrolló una clase de trabajadores

Η σύγχρονη εργατική τάξη ανέπτυξε μια τάξη εργατών

Esta clase de obreros vive sólo mientras encuentran trabajo

Αυτή η τάξη των εργατών ζει μόνο όσο βρίσκουν δουλειά

y sólo encuentran trabajo mientras su trabajo aumenta el capital

Και βρίσκουν δουλειά μόνο όσο η εργασία τους αυξάνει το κεφάλαιο

Estos obreros, que deben venderse a destajo, son una mercancía

Αυτοί οι εργάτες, που πρέπει να πουλήσουν τον εαυτό τους με το κομμάτι, είναι εμπόρευμα

Estos obreros son como cualquier otro artículo de comercio

Αυτοί οι εργάτες είναι σαν κάθε άλλο είδος εμπορίου

y, en consecuencia, están expuestos a todas las vicisitudes de la competencia

και, κατά συνέπεια, εκτίθενται σε όλες τις αντιξοότητες του ανταγωνισμού

Tienen que capear todas las fluctuaciones del mercado

Πρέπει να αντιμετωπίσουν όλες τις διακυμάνσεις της αγοράς

Debido al uso extensivo de maquinaria y a la división del trabajo

Λόγω της εκτεταμένης χρήσης μηχανημάτων και του καταμερισμού της εργασίας

El trabajo de los proletarios ha perdido todo carácter individual

Η δουλειά των προλετάριων έχει χάσει κάθε ατομικό χαρακτήρα

y, en consecuencia, el trabajo de los proletarios ha perdido todo encanto para el obrero

Και κατά συνέπεια, η δουλειά των προλετάριων έχει χάσει κάθε γοητεία για τον εργάτη

Se convierte en un apéndice de la máquina, en lugar del hombre que una vez fue

Γίνεται ένα εξάρτημα της μηχανής, παρά ο άνθρωπος που ήταν κάποτε

Sólo se requiere de él la habilidad más simple, monótona y más fácil de adquirir

Μόνο η πιο απλή, μονότονη και πιο εύκολα αποκτηθείσα ικανότητα απαιτείται από αυτόν

Por lo tanto, el costo de producción de un trabajador está restringido

Ως εκ τούτου, το κόστος παραγωγής ενός εργάτη είναι περιορισμένο

se restringe casi por completo a los medios de subsistencia que necesita para su manutención

περιορίζεται σχεδόν εξ ολοκλήρου στα μέσα διαβίωσης που χρειάζεται για τη συντήρησή του

y se restringe a los medios de subsistencia que necesita para la propagación de su raza

Και περιορίζεται στα μέσα διαβίωσης που χρειάζεται για τη διάδοση της φυλής του

Pero el precio de una mercancía, y por lo tanto también del trabajo, es igual a su costo de producción

Αλλά η τιμή ενός εμπορεύματος, και επομένως και της εργασίας, είναι ίση με τα έξοδα παραγωγής του

Por lo tanto, a medida que aumenta la repulsividad del trabajo, disminuye el salario

Αναλογικά, λοιπόν, όσο αυξάνεται η αποκρουστικότητα της εργασίας, μειώνεται και ο μισθός

Es más, la repulsión de su obra aumenta a un ritmo aún mayor

Όχι, η αποκρουστικότητα της δουλειάς του αυξάνεται με ακόμη μεγαλύτερο ρυθμό

A medida que aumenta el uso de maquinaria y la división del trabajo, también lo hace la carga del trabajo

Καθώς αυξάνεται η χρήση μηχανημάτων και ο καταμερισμός της εργασίας, αυξάνεται και το βάρος του μόχθου

La carga del trabajo se incrementa con la prolongación de las horas de trabajo

Το βάρος του μόχθου αυξάνεται με την επιμήκυνση του ωραρίου εργασίας

Se espera más del obrero en el mismo tiempo que antes

Περισσότερα αναμένονται από τον εργάτη στον ίδιο χρόνο όπως και πριν

Y, por supuesto, la carga del trabajo aumenta por la velocidad de la maquinaria

Και φυσικά το βάρος του μόχθου αυξάνεται από την ταχύτητα των μηχανημάτων

La industria moderna ha convertido el pequeño taller del amo patriarcal en la gran fábrica del capitalista industrial

Η σύγχρονη βιομηχανία έχει μετατρέψει το μικρό εργαστήριο του πατριαρχικού αφέντη στο μεγάλο εργοστάσιο του βιομηχανικού καπιταλιστή

Las masas de obreros, hacinados en la fábrica, están organizadas como soldados

Μάζες εργατών, συνωστισμένες στο εργοστάσιο, οργανώνονται σαν στρατιώτες

Como soldados rasos del ejército industrial están bajo el mando de una jerarquía perfecta de oficiales y sargentos

Ως ιδιώτες του βιομηχανικού στρατού τίθενται υπό τη διοίκηση μιας τέλειας ιεραρχίας αξιωματικών και λοχιών

no sólo son esclavos de la burguesía y del Estado

Δεν είναι μόνο σκλάβοι της αστικής τάξης και του κράτους

pero también son esclavizados diariamente y cada hora por la máquina

Αλλά είναι επίσης καθημερινά και ωριαία σκλαβωμένα από τη μηχανή

están esclavizados por el vigilante y, sobre todo, por el propio fabricante burgués

Είναι υποδουλωμένοι από τον παραβλέποντα και, πάνω απ' όλα, από τον ίδιο τον μεμονωμένο κατασκευαστή της αστικής τάξης

Cuanto más abiertamente proclama este despotismo que la ganancia es su fin y su fin, tanto más mezquino, más odioso y más amargo es

Όσο πιο ανοιχτά αυτός ο δεσποτισμός διακηρύσσει ότι το κέρδος είναι ο σκοπός και ο στόχος του, τόσο πιο μικροπρεπής, τόσο πιο μισητός και τόσο πιο πικραμένος είναι

Cuanto más se desarrolla la industria moderna, menores son las diferencias entre los sexos

Όσο πιο σύγχρονη βιομηχανία αναπτύσσεται, τόσο μικρότερες είναι οι διαφορές μεταξύ των φύλων

Cuanto menor es la habilidad y el ejercicio de la fuerza implícitos en el trabajo manual, tanto más el trabajo de los hombres es reemplazado por el de las mujeres

Όσο λιγότερη είναι η ικανότητα και η άσκηση δύναμης που συνεπάγεται η χειρωνακτική εργασία, τόσο περισσότερο η εργασία των ανδρών αντικαθίσταται από εκείνη των γυναικών

Las diferencias de edad y sexo ya no tienen ninguna validez social distintiva para la clase obrera

Οι διαφορές ηλικίας και φύλου δεν έχουν πλέον καμία διακριτή κοινωνική εγκυρότητα για την εργατική τάξη

Todos son instrumentos de trabajo, más o menos costosos de usar, según su edad y sexo

Όλα είναι εργαλεία εργασίας, περισσότερο ή λιγότερο ακριβά στη χρήση, ανάλογα με την ηλικία και το φύλο τους

tan pronto como el obrero recibe su salario en efectivo, es atacado por las otras partes de la burguesía

μόλις ο εργάτης πάρει το μισθό του σε μετρητά, από ό, τι καθορίζεται από τα άλλα τμήματα της αστικής τάξης

el propietario, el tendero, el prestamista, etc

ο ιδιοκτήτης, ο καταστηματάρχης, ο ενεχυροδανειστής κ.λπ

Los estratos más bajos de la clase media; los pequeños comerciantes y tenderos

Τα κατώτερα στρώματα της μεσαίας τάξης. Οι μικροί έμποροι και οι καταστηματάρχες

los comerciantes jubilados en general, y los artesanos y campesinos

Οι συνταξιούχοι έμποροι γενικά, οι χειροτέχνες και οι αγρότες

todo esto se hunde poco a poco en el proletariado

Όλα αυτά βυθίζονται βαθμιαία στο προλεταριάτο

en parte porque su minúsculo capital no basta para la escala en que se desarrolla la industria moderna

εν μέρει επειδή το μικρό τους κεφάλαιο δεν επαρκεί για την κλίμακα στην οποία διεξάγεται η σύγχρονη βιομηχανία

y porque está inundada en la competencia con los grandes capitalistas

Και επειδή κατακλύζεται από τον ανταγωνισμό με τους μεγάλους καπιταλιστές

en parte porque sus habilidades especializadas se vuelven inútiles por los nuevos métodos de producción

Εν μέρει επειδή η εξειδικευμένη δεξιότητά τους καθίσταται άχρηστη από τις νέες μεθόδους παραγωγής

De este modo, el proletariado es reclutado entre todas las clases de la población

Έτσι το προλεταριάτο στρατολογείται από όλες τις τάξεις του πληθυσμού

El proletariado pasa por varias etapas de desarrollo

Το προλεταριάτο περνάει από διάφορα στάδια ανάπτυξης

Con su nacimiento comienza su lucha con la burguesía

Με τη γέννησή της αρχίζει ο αγώνας της με την αστική τάξη

Al principio, la contienda es llevada a cabo por trabajadores individuales

Στην αρχή ο αγώνας διεξάγεται από μεμονωμένους εργάτες

Entonces el concurso es llevado a cabo por los obreros de una fábrica

Στη συνέχεια, ο διαγωνισμός διεξάγεται από τους εργάτες ενός εργοστασίου

Entonces la contienda es llevada a cabo por los operarios de un oficio, en una localidad

Στη συνέχεια, ο διαγωνισμός διεξάγεται από τους πράκτορες ενός επαγγέλματος, σε μια τοποθεσία

y la contienda es entonces contra la burguesía individual que los explota directamente

Και ο ανταγωνισμός είναι τότε ενάντια στην ατομική αστική τάξη που την εκμεταλλεύεται άμεσα

No dirigen sus ataques contra las condiciones de producción de la burguesía

Κατευθύνουν τις επιθέσεις τους όχι ενάντια στις αστικές συνθήκες παραγωγής

pero dirigen su ataque contra los propios instrumentos de producción

Αλλά κατευθύνουν την επίθεσή τους ενάντια στα ίδια τα μέσα παραγωγής

destruyen mercancías importadas que compiten con su mano de obra

Καταστρέφουν εισαγόμενα προϊόντα που ανταγωνίζονται την εργασία τους

Hacen pedazos la maquinaria y prenden fuego a las fábricas

Θρυμματίζουν μηχανήματα και πυρπολούν εργοστάσια

tratan de restaurar por la fuerza el estado desaparecido del obrero de la Edad Media

Επιδιώκουν να αποκαταστήσουν με τη βία την εξαφανισμένη κατάσταση του εργάτη του Μεσαίωνα

En esta etapa, los obreros forman todavía una masa incoherente dispersa por todo el país

Σε αυτό το στάδιο οι εργάτες εξακολουθούν να αποτελούν μια ασυνάρτητη μάζα διασκορπισμένη σε ολόκληρη τη χώρα

y se rompen por su mutua competencia

και διαλύονται από τον αμοιβαίο ανταγωνισμό τους

Si en alguna parte se unen para formar cuerpos más compactos, esto no es todavía la consecuencia de su propia unión activa

Αν οπουδήποτε ενωθούν για να σχηματίσουν πιο συμπαγή σώματα, αυτό δεν είναι ακόμα η συνέπεια της δικής τους ενεργού ένωσης

pero es una consecuencia de la unión de la burguesía, para alcanzar sus propios fines políticos

αλλά είναι συνέπεια της ένωσης της αστικής τάξης, για την επίτευξη των δικών της πολιτικών σκοπών

la burguesía se ve obligada a poner en movimiento a todo el proletariado

Η αστική τάξη είναι υποχρεωμένη να θέσει σε κίνηση ολόκληρο το προλεταριάτο

y además, por un momento, la burguesía es capaz de hacerlo

Και επιπλέον, για μια στιγμή, η αστική τάξη είναι σε θέση να το κάνει

Por lo tanto, en esta etapa, los proletarios no luchan contra sus enemigos

Σε αυτό το στάδιο, επομένως, οι προλετάριοι δεν πολεμούν τους εχθρούς τους

sino que están luchando contra los enemigos de sus enemigos

Αλλά αντ' αυτού πολεμούν τους εχθρούς των εχθρών τους

la lucha contra los restos de la monarquía absoluta y los terratenientes

Ο αγώνας: τα απομεινάρια της απόλυτης μοναρχίας και οι γαιοκτήμονες

luchan contra la burguesía no industrial; la pequeña burguesía

πολεμούν τη μη βιομηχανική αστική τάξη· η μικροαστική τάξη

De este modo, todo el movimiento histórico se concentra en manos de la burguesía

Έτσι, ολόκληρο το ιστορικό κίνημα συγκεντρώνεται στα χέρια της αστικής τάξης

cada victoria así obtenida es una victoria para la burguesía

Κάθε νίκη που επιτυγχάνεται με αυτόν τον τρόπο είναι μια νίκη για την αστική τάξη

Pero con el desarrollo de la industria, el proletariado no sólo aumenta en número

Αλλά με την ανάπτυξη της βιομηχανίας το προλεταριάτο όχι μόνο αυξάνεται σε αριθμό

el proletariado se concentra en grandes masas y su fuerza crece

το προλεταριάτο συγκεντρώνεται σε μεγαλύτερες μάζες και η δύναμή του μεγαλώνει

y el proletariado siente cada vez más esa fuerza

Και το προλεταριάτο νιώθει αυτή τη δύναμη όλο και περισσότερο

Los diversos intereses y condiciones de vida en las filas del proletariado se igualan cada vez más

Τα διάφορα συμφέροντα και οι συνθήκες ζωής μέσα στις γραμμές του προλεταριάτου εξισώνονται όλο και περισσότερο

se vuelven más proporcionales a medida que la maquinaria borra todas las distinciones de trabajo

Γίνονται όλο και περισσότερο αναλογικές, καθώς οι μηχανές εξαλείφουν όλες τις διακρίσεις της εργασίας

y la maquinaria reduce los salarios al mismo nivel bajo en casi todas partes

Και τα μηχανήματα σχεδόν παντού μειώνουν τους μισθούς στο ίδιο χαμηλό επίπεδο

La creciente competencia entre la burguesía, y las crisis comerciales resultantes, hacen que los salarios de los obreros sean cada vez más fluctuantes

Ο αυξανόμενος ανταγωνισμός ανάμεσα στην αστική τάξη, και οι επακόλουθες εμπορικές κρίσεις, κάνουν τους μισθούς των εργατών όλο και πιο κυμαινόμενους

La mejora incesante de la maquinaria, que se desarrolla cada vez más rápidamente, hace que sus medios de vida sean cada vez más precarios

Η αδιάκοπη βελτίωση των μηχανών, που αναπτύσσεται όλο και πιο γρήγορα, καθιστά τα μέσα διαβίωσής τους όλο και πιο επισφαλή

los choques entre obreros individuales y burgueses individuales toman cada vez más el carácter de choques entre dos clases

Οι συγκρούσεις ανάμεσα σε μεμονωμένους εργάτες και μεμονωμένους αστούς παίρνουν όλο και περισσότερο το χαρακτήρα συγκρούσεων ανάμεσα σε δύο τάξεις

A partir de ese momento, los obreros comienzan a formar uniones (sindicatos) contra la burguesía

Τότε οι εργάτες αρχίζουν να σχηματίζουν συνδυασμούς (συνδικάτα) ενάντια στην αστική τάξη

se agrupan para mantener el ritmo de los salarios

Συνασπίζονται για να διατηρήσουν το ποσοστό των μισθών

Fundaron asociaciones permanentes para hacer frente de antemano a estas revueltas ocasionales

Βρήκαν μόνιμες ενώσεις για να προνοήσουν εκ των προτέρων για αυτές τις περιστασιακές εξεγέρσεις

Aquí y allá la contienda estalla en disturbios

Εδώ κι εκεί ο διαγωνισμός ξεσπά σε ταραχές

De vez en cuando los obreros salen victoriosos, pero sólo por un tiempo

Μια στο τόσο οι εργάτες νικούν, αλλά μόνο για ένα διάστημα

El verdadero fruto de sus batallas no reside en el resultado inmediato, sino en la unión cada vez mayor de los trabajadores

Ο πραγματικός καρπός των αγώνων τους βρίσκεται, όχι στο άμεσο αποτέλεσμα, αλλά στη συνεχώς διευρυνόμενη ένωση των εργατών

Esta unión se ve favorecida por la mejora de los medios de comunicación creados por la industria moderna

Αυτή η ένωση βοηθείται από τα βελτιωμένα μέσα επικοινωνίας που δημιουργούνται από τη σύγχρονη βιομηχανία

La comunicación moderna pone en contacto a los trabajadores de diferentes localidades

Η σύγχρονη επικοινωνία φέρνει τους εργαζόμενους διαφορετικών τοποθεσιών σε επαφή μεταξύ τους

Era precisamente este contacto el que se necesitaba para centralizar las numerosas luchas locales en una lucha nacional entre clases

Ήταν ακριβώς αυτή η επαφή που χρειαζόταν για να συγκεντρωθούν οι πολυάριθμοι τοπικοί αγώνες σε μια εθνική πάλη μεταξύ των τάξεων

Todas estas luchas tienen el mismo carácter, y toda lucha de clases es una lucha política

Όλοι αυτοί οι αγώνες έχουν τον ίδιο χαρακτήρα και κάθε ταξική πάλη είναι πολιτική πάλη

los burgueses de la Edad Media, con sus miserables carreteras, necesitaron siglos para formar sus uniones

Οι αστοί του Μεσαίωνα, με τις άθλιες λεωφόρους τους, χρειάστηκαν αιώνες για να σχηματίσουν τις ενώσεις τους

Los proletarios modernos, gracias a los ferrocarriles, logran sus sindicatos en pocos años

Οι σύγχρονοι προλετάριοι, χάρη στους σιδηροδρόμους, αποκτούν τα συνδικάτα τους μέσα σε λίγα χρόνια

Esta organización de los proletarios en una clase los formó, por consiguiente, en un partido político

Αυτή η οργάνωση των προλετάριων σε τάξη τους διαμόρφωσε κατά συνέπεια σε πολιτικό κόμμα

La clase política se ve continuamente molesta por la competencia entre los propios trabajadores

Η πολιτική τάξη συνεχώς αναστατώνεται από τον ανταγωνισμό μεταξύ των ίδιων των εργατών

Pero la clase política sigue levantándose de nuevo, más fuerte, más firme, más poderosa

Αλλά η πολιτική τάξη συνεχίζει να ξεσηκώνεται ξανά, ισχυρότερη, σταθερότερη, ισχυρότερη

Obliga al reconocimiento legislativo de los intereses particulares de los trabajadores

Επιβάλλει τη νομοθετική αναγνώριση ιδιαίτερων συμφερόντων των εργαζομένων

lo hace aprovechándose de las divisiones en el seno de la propia burguesía

Το κάνει αυτό εκμεταλλευόμενη τις διαιρέσεις μέσα στην ίδια την αστική τάξη

De este modo, el proyecto de ley de las diez horas en Inglaterra se convirtió en ley

Έτσι, το νομοσχέδιο για το δεκάωρο στην Αγγλία τέθηκε σε νόμο

en muchos sentidos, las colisiones entre las clases de la vieja sociedad son, además, el curso del desarrollo del proletariado

Από πολλές απόψεις, οι συγκρούσεις μεταξύ των τάξεων της παλιάς κοινωνίας είναι η πορεία ανάπτυξης του προλεταριάτου

La burguesía se ve envuelta en una batalla constante

Η αστική τάξη βρίσκεται μπλεγμένη σε μια συνεχή μάχη

Al principio se verá envuelto en una batalla constante con la aristocracia

Στην αρχή θα βρεθεί μπλεγμένη σε μια συνεχή μάχη με την αριστοκρατία

más tarde se verá envuelta en una batalla constante con esas partes de la propia burguesía

Αργότερα θα βρεθεί μπλεγμένη σε μια συνεχή μάχη με εκείνα τα τμήματα της ίδιας της αστικής τάξης

y sus intereses se habrán vuelto antagónicos al progreso de la industria

Και τα συμφέροντά τους θα έχουν γίνει ανταγωνιστικά προς την πρόοδο της βιομηχανίας

en todo momento, sus intereses se habrán vuelto antagónicos con la burguesía de los países extranjeros

Ανά πάσα στιγμή, τα συμφέροντά τους θα έχουν γίνει ανταγωνιστικά με την αστική τάξη των ξένων χωρών

En todas estas batallas se ve obligado a apelar al proletariado y pide su ayuda

Σε όλες αυτές τις μάχες βλέπει τον εαυτό του υποχρεωμένο να απευθυνθεί στο προλεταριάτο και ζητά τη βοήθειά του

y, por lo tanto, se sentirá obligado a arrastrarlo a la arena política

Και έτσι, θα αισθανθεί υποχρεωμένο να το σύρει στην πολιτική αρένα

La burguesía misma, por lo tanto, suministra al proletariado sus propios instrumentos de educación política y general

Η ίδια η αστική τάξη, επομένως, προμηθεύει το προλεταριάτο με τα δικά της όργανα πολιτικής και γενικής διαπαιδαγώγησης

en otras palabras, suministra al proletariado armas para luchar contra la burguesía

με άλλα λόγια, εφοδιάζει το προλεταριάτο με όπλα για την καταπολέμηση της αστικής τάξης

Además, como ya hemos visto, sectores enteros de las clases dominantes se precipitan en el proletariado

Επιπλέον, όπως έχουμε ήδη δει, ολόκληρα τμήματα των κυρίαρχων τάξεων κατακρημνίζονται στο προλεταριάτο

el avance de la industria los absorbe en el proletariado

Η πρόοδος της βιομηχανίας τους ρουφάει στο προλεταριάτο

o, al menos, están amenazados en sus condiciones de existencia

ή, τουλάχιστον, απειλούνται στις συνθήκες ύπαρξής τους

Estos también suministran al proletariado nuevos elementos de ilustración y progreso

Αυτά παρέχουν επίσης στο προλεταριάτο νέα στοιχεία διαφώτισης και προόδου

Finalmente, en momentos en que la lucha de clases se acerca a la hora decisiva

Τέλος, σε καιρούς που η ταξική πάλη πλησιάζει την αποφασιστική ώρα

el proceso de disolución que se está llevando a cabo en el seno de la clase dominante

Η διαδικασία διάλυσης που βρίσκεται σε εξέλιξη μέσα στην άρχουσα τάξη

De hecho, la disolución que se está produciendo en el seno de la clase dominante se sentirá en toda la sociedad

Στην πραγματικότητα, η διάλυση που συμβαίνει μέσα στην άρχουσα τάξη θα γίνει αισθητή σε όλο το φάσμα της κοινωνίας

Tomará un carácter tan violento y deslumbrante, que un pequeño sector de la clase dominante se quedará a la deriva

Θα πάρει έναν τόσο βίαιο, κραυγαλέο χαρακτήρα, που ένα μικρό τμήμα της άρχουσας τάξης αποκόπτεται

y esa clase dominante se unirá a la clase revolucionaria

Και αυτή η άρχουσα τάξη θα ενταχθεί στην επαναστατική τάξη

La clase revolucionaria es la clase que tiene el futuro en sus manos

Η επαναστατική τάξη είναι η τάξη που κρατά το μέλλον στα χέρια της

Al igual que en un período anterior, una parte de la nobleza se pasó a la burguesía

Όπως και σε μια προηγούμενη περίοδο, ένα τμήμα της αριστοκρατίας πέρασε στην αστική τάξη

de la misma manera que una parte de la burguesía se pasará al proletariado

με τον ίδιο τρόπο ένα μέρος της αστικής τάξης θα περάσει στο προλεταριάτο

en particular, una parte de la burguesía pasará a una parte de los ideólogos de la burguesía

Συγκεκριμένα, ένα μέρος της αστικής τάξης θα περάσει σε ένα τμήμα των ιδεολόγων της αστικής τάξης

Ideólogos burgueses que se han elevado al nivel de comprender teóricamente el movimiento histórico en su conjunto

Αστοί ιδεολόγοι που έχουν ανυψωθεί στο επίπεδο της θεωρητικής κατανόησης του ιστορικού κινήματος στο σύνολό του

De todas las clases que hoy se encuentran frente a frente con la burguesía, sólo el proletariado es una clase realmente revolucionaria

Από όλες τις τάξεις που στέκονται πρόσωπο με πρόσωπο με την αστική τάξη σήμερα, μόνο το προλεταριάτο είναι μια πραγματικά επαναστατική τάξη

Las otras clases decaen y finalmente desaparecen frente a la industria moderna

Οι άλλες τάξεις παρακμάζουν και τελικά εξαφανίζονται μπροστά στη σύγχρονη βιομηχανία

el proletariado es su producto especial y esencial

Το προλεταριάτο είναι το ιδιαίτερο και ουσιαστικό προϊόν του

La clase media baja, el pequeño fabricante, el tendero, el artesano, el campesino

Η κατώτερη μεσαία τάξη, ο μικροβιομήχανος, ο καταστηματάρχης, ο τεχνίτης, ο αγρότης

todos ellos luchan contra la burguesía

Όλοι αυτοί παλεύουν ενάντια στην αστική τάξη

Luchan como fracciones de la clase media para salvarse de la extinción

Πολεμούν ως φράξια της μεσαίας τάξης για να σωθούν από την εξαφάνιση

Por lo tanto, no son revolucionarios, sino conservadores

Επομένως, δεν είναι επαναστάτες, αλλά συντηρητικοί

Más aún, son reaccionarios, porque tratan de hacer retroceder la rueda de la historia

Επιπλέον, είναι αντιδραστικοί, γιατί προσπαθούν να γυρίσουν πίσω τον τροχό της ιστορίας

Si por casualidad son revolucionarios, lo son sólo en vista de su inminente transferencia al proletariado

Αν κατά τύχη είναι επαναστάτες, είναι επαναστάτες μόνο ενόψει της επικείμενης μεταφοράς τους στο προλεταριάτο

Por lo tanto, no defienden sus intereses presentes, sino sus intereses futuros

Υπερασπίζονται έτσι όχι το παρόν τους, αλλά τα μελλοντικά τους συμφέροντα

abandonan su propio punto de vista para situarse en el del proletariado

εγκαταλείπουν τη δική τους άποψη για να τοποθετηθούν σε εκείνη του προλεταριάτου

La "clase peligrosa", la escoria social, esa masa pasivamente putrefacta arrojada por las capas más bajas de la vieja sociedad

Η «επικίνδυνη τάξη», τα κοινωνικά αποβράσματα, αυτή η παθητικά σάπια μάζα που εκτοξεύεται από τα χαμηλότερα στρώματα της παλιάς κοινωνίας

pueden, aquí y allá, ser arrastrados al movimiento por una revolución proletaria

Μπορεί, εδώ κι εκεί, να παρασυρθούν στο κίνημα από μια προλεταριακή επανάσταση

Sus condiciones de vida, sin embargo, la preparan mucho más para el papel de un instrumento sobornado de la intriga reaccionaria

Οι συνθήκες ζωής του, ωστόσο, το προετοιμάζουν πολύ περισσότερο για το ρόλο ενός δωροδοκούμενου εργαλείου αντιδραστικής ίντριγκας

En las condiciones del proletariado, los de la vieja sociedad en general están ya virtualmente desbordados

Στις συνθήκες του προλεταριάτου, οι συνθήκες της παλιάς κοινωνίας γενικά είναι ήδη ουσιαστικά κατακλυσμένες

El proletario carece de propiedad

Ο προλετάριος είναι χωρίς ιδιοκτησία

su relación con su mujer y sus hijos ya no tiene nada en común con las relaciones familiares de la burguesía

Η σχέση του με τη γυναίκα και τα παιδιά του δεν έχει πια τίποτα κοινό με τις οικογενειακές σχέσεις της αστικής τάξης

el trabajo industrial moderno, el sometimiento moderno al capital, lo mismo en Inglaterra que en Francia, en Estados Unidos como en Alemania

Σύγχρονη βιομηχανική εργασία, σύγχρονη υποταγή στο κεφάλαιο, το ίδιο στην Αγγλία όπως και στη Γαλλία, στην Αμερική όπως και στη Γερμανία

Su condición en la sociedad lo ha despojado de todo rastro de carácter nacional

Η κατάστασή του στην κοινωνία τον έχει απογυμνώσει από κάθε ίχνος εθνικού χαρακτήρα

El derecho, la moral, la religión, son para él otros tantos prejuicios burgueses

Ο νόμος, η ηθική, η θρησκεία, είναι γι' αυτόν τόσες πολλές προκαταλήψεις της αστικής τάξης

y detrás de estos prejuicios acechan emboscados otros tantos intereses burgueses

Και πίσω από αυτές τις προκαταλήψεις κρύβονται σε ενέδρα ακριβώς όπως πολλά συμφέροντα της αστικής τάξης

Todas las clases precedentes que se impusieron trataron de fortalecer su estatus ya adquirido

Όλες οι προηγούμενες τάξεις που πήραν το πάνω χέρι, προσπάθησαν να ενισχύσουν την ήδη αποκτηθείσα θέση τους

Lo hicieron sometiendo a la sociedad en general a sus condiciones de apropiación

Το έκαναν αυτό υποβάλλοντας την κοινωνία στο σύνολό της στις συνθήκες ιδιοποίησής τους

Los proletarios no pueden llegar a ser dueños de las fuerzas productivas de la sociedad

Οι προλετάριοι δεν μπορούν να γίνουν κύριοι των παραγωγικών δυνάμεων της κοινωνίας

sólo puede hacerlo aboliendo su propio modo anterior de apropiación

Αυτό μπορεί να γίνει μόνο με την κατάργηση του δικού τους προηγούμενου τρόπου ιδιοποίησης

y, por lo tanto, también suprime cualquier otro modo anterior de apropiación

και έτσι καταργεί επίσης κάθε άλλο προηγούμενο τρόπο ιδιοποίησης

No tienen nada propio que asegurar y fortificar

Δεν έχουν τίποτα δικό τους να εξασφαλίσουν και να οχυρώσουν

Su misión es destruir todos los valores y seguros anteriores de la propiedad individual

Η αποστολή τους είναι να καταστρέψουν όλες τις προηγούμενες ασφάλειες και ασφάλειες ατομικής περιουσίας

Todos los movimientos históricos anteriores fueron movimientos de minorías

Όλα τα προηγούμενα ιστορικά κινήματα ήταν κινήματα μειονοτήτων

o eran movimientos en interés de las minorías

ή ήταν κινήματα προς το συμφέρον των μειονοτήτων

El movimiento proletario es el movimiento consciente e independiente de la inmensa mayoría

Το προλεταριακό κίνημα είναι το αυτοσυνείδητο, ανεξάρτητο κίνημα της τεράστιας πλειοψηφίας

Y es un movimiento en interés de la inmensa mayoría

Και είναι ένα κίνημα προς το συμφέρον της τεράστιας πλειοψηφίας

El proletariado, el estrato más bajo de nuestra sociedad actual

Το προλεταριάτο, το κατώτερο στρώμα της σημερινής κοινωνίας μας

no puede agitarse ni elevarse sin que todos los estratos superiores de la sociedad oficial salgan al aire

Δεν μπορεί να ξεσηκωθεί ή να ξεσηκωθεί χωρίς να ξεπηδήσουν στον αέρα όλα τα κατεστημένα στρώματα της επίσημης κοινωνίας

Aunque no en el fondo, sí en la forma, la lucha del proletariado con la burguesía es, al principio, una lucha nacional

Αν και όχι στην ουσία, αλλά στη μορφή, ο αγώνας του προλεταριάτου με την αστική τάξη είναι αρχικά εθνικός αγώνας

El proletariado de cada país debe, por supuesto, en primer lugar arreglar las cosas con su propia burguesía

Το προλεταριάτο κάθε χώρας πρέπει, φυσικά, πρώτα απ' όλα να τακτοποιήσει τα ζητήματα με τη δική του αστική τάξη

Al describir las fases más generales del desarrollo del proletariado, hemos trazado la guerra civil más o menos velada

Απεικονίζοντας τις πιο γενικές φάσεις της ανάπτυξης του προλεταριάτου, ανιχνεύσαμε τον περισσότερο ή λιγότερο συγκαλυμμένο εμφύλιο πόλεμο

Este civil está haciendo estragos dentro de la sociedad existente

Αυτός ο πολίτης μαίνεται μέσα στην υπάρχουσα κοινωνία

Se enfurecerá hasta el punto en que esa guerra estalle en una revolución abierta

Θα μαίνεται μέχρι το σημείο όπου αυτός ο πόλεμος θα ξεσπάσει σε ανοιχτή επανάσταση

y luego el derrocamiento violento de la burguesía sienta las bases para el dominio del proletariado

Και τότε η βίαιη ανατροπή της αστικής τάξης θέτει τα θεμέλια για την κυριαρχία του προλεταριάτου

Hasta ahora, todas las formas de sociedad se han basado, como ya hemos visto, en el antagonismo de las clases opresoras y oprimidas

Μέχρι τώρα, κάθε μορφή κοινωνίας βασιζόταν, όπως έχουμε ήδη δει, στον ανταγωνισμό των καταπιεζόμενων και καταπιεζόμενων τάξεων

Pero para oprimir a una clase, hay que asegurarle ciertas condiciones

Αλλά για να καταπιέσει μια τάξη, πρέπει να της εξασφαλιστούν ορισμένες προϋποθέσεις

La clase debe ser mantenida en condiciones en las que pueda, por lo menos, continuar su existencia servil

Η τάξη πρέπει να διατηρηθεί κάτω από συνθήκες στις οποίες μπορεί, τουλάχιστον, να συνεχίσει τη δουλική της ύπαρξη

El siervo, en el período de la servidumbre, se elevaba a la comuna

Ο δουλοπάροικος, κατά την περίοδο της δουλοπαροικίας, έγινε μέλος της κομμούνας

del mismo modo que la pequeña burguesía, bajo el yugo del absolutismo feudal, logró convertirse en burguesía

ακριβώς όπως η μικροαστική τάξη, κάτω από το ζυγό της φεουδαρχικής απολυταρχίας, κατάφερε να εξελιχθεί σε αστική τάξη

El obrero moderno, por el contrario, en lugar de elevarse con el progreso de la industria, se hunde cada vez más

Ο σύγχρονος εργάτης, αντίθετα, αντί να ανεβαίνει με την πρόοδο της βιομηχανίας, βυθίζεται όλο και πιο βαθιά

se hunde por debajo de las condiciones de existencia de su propia clase

Βυθίζεται κάτω από τις συνθήκες ύπαρξης της δικής του τάξης

Se convierte en un indigente, y el pauperismo se desarrolla más rápidamente que la población y la riqueza

Γίνεται άπορος και η εξαθλίωση αναπτύσσεται πιο γρήγορα από τον πληθυσμό και τον πλούτο

Y aquí se hace evidente que la burguesía ya no es apta para ser la clase dominante de la sociedad

Και εδώ γίνεται φανερό ότι η αστική τάξη είναι πλέον
ακατάλληλη να είναι η άρχουσα τάξη στην κοινωνία

**y no es apta para imponer sus condiciones de existencia a la
sociedad como una ley imperativa**

Και είναι ακατάλληλο να επιβάλει τους όρους ύπαρξής του
στην κοινωνία ως υπέρτατο νόμο

**Es incapaz de gobernar porque es incapaz de asegurar una
existencia a su esclavo dentro de su esclavitud**

Είναι ακατάλληλη να κυβερνήσει επειδή είναι ανίκανη να
εξασφαλίσει την ύπαρξη στον δούλο της μέσα στη σκλαβιά
του

**porque no puede evitar dejarlo hundirse en tal estado, que
tiene que alimentarlo, en lugar de ser alimentado por él**

Γιατί δεν μπορεί παρά να τον αφήσει να βυθιστεί σε μια
τέτοια κατάσταση, που πρέπει να τον θρέψει, αντί να
τραφεί από αυτόν

La sociedad ya no puede vivir bajo esta burguesía

Η κοινωνία δεν μπορεί πλέον να ζήσει κάτω από αυτή την
αστική τάξη

**En otras palabras, su existencia ya no es compatible con la
sociedad**

Με άλλα λόγια, η ύπαρξή του δεν είναι πλέον συμβατή με
την κοινωνία

**La condición esencial para la existencia y el dominio de la
burguesía es la formación y el aumento del capital**

Η βασική προϋπόθεση για την ύπαρξη και για την
κυριαρχία της αστικής τάξης είναι ο σχηματισμός και η
αύξηση του κεφαλαίου

La condición del capital es el trabajo asalariado

Η προϋπόθεση για το κεφάλαιο είναι η μισθωτή εργασία

**El trabajo asalariado se basa exclusivamente en la
competencia entre los trabajadores**

Η μισθωτή εργασία στηρίζεται αποκλειστικά στον
ανταγωνισμό ανάμεσα στους εργάτες

**El avance de la industria, cuyo promotor involuntario es la
burguesía, sustituye al aislamiento de los obreros**

Η πρόοδος της βιομηχανίας, της οποίας ακούσιος υποστηρικτής είναι η αστική τάξη, αντικαθιστά την απομόνωση των εργατών

por la competencia, por su combinación revolucionaria, por la asociación

λόγω ανταγωνισμού, λόγω επαναστατικού συνδυασμού τους, λόγω συσχέτισης

El desarrollo de la industria moderna corta bajo sus pies los cimientos mismos sobre los cuales la burguesía produce y se apropia de los productos

Η ανάπτυξη της σύγχρονης βιομηχανίας κόβει κάτω από τα πόδια της τα ίδια τα θεμέλια πάνω στα οποία η αστική τάξη παράγει και ιδιοποιείται προϊόντα

Lo que la burguesía produce, sobre todo, son sus propios sepultureros

Αυτό που παράγει η αστική τάξη, πάνω απ' όλα, είναι οι δικοί της νεκροθάφτες

La caída de la burguesía y la victoria del proletariado son igualmente inevitables

Η πτώση της αστικής τάξης και η νίκη του προλεταριάτου είναι εξίσου αναπόφευκτες

Proletarios y comunistas

Προλετάριοι και κομμουνιστές

¿Qué relación tienen los comunistas con el conjunto de los proletarios?

Σε ποια σχέση στέκονται οι κομμουνιστές με το σύνολο των προλετάριων;

Los comunistas no forman un partido separado opuesto a otros partidos de la clase obrera

Οι κομμουνιστές δεν σχηματίζουν ξεχωριστό κόμμα σε αντίθεση με άλλα κόμματα της εργατικής τάξης

No tienen intereses separados y aparte de los del proletariado en su conjunto

Δεν έχουν συμφέροντα ξεχωριστά και ξέχωρα από εκείνα του προλεταριάτου στο σύνολό του

No establecen ningún principio sectario propio, con el cual dar forma y moldear el movimiento proletario

Δεν θέτουν δικές τους σεχταριστικές αρχές, με τις οποίες να διαμορφώσουν και να διαμορφώσουν το προλεταριακό κίνημα

Los comunistas se distinguen de los demás partidos obreros sólo por dos cosas

Οι κομμουνιστές διακρίνονται από τα άλλα κόμματα της εργατικής τάξης μόνο σε δύο πράγματα

En primer lugar, señalan y ponen en primer plano los intereses comunes de todo el proletariado, independientemente de toda nacionalidad

Πρώτον, επισημαίνουν και φέρνουν στο προσκήνιο τα κοινά συμφέροντα ολόκληρου του προλεταριάτου, ανεξάρτητα από κάθε εθνικότητα

Esto lo hacen en las luchas nacionales de los proletarios de los diferentes países

Αυτό κάνουν στους εθνικούς αγώνες των προλετάριων των διαφόρων χωρών

En segundo lugar, siempre y en todas partes representan los intereses del movimiento en su conjunto

Δεύτερον, πάντα και παντού εκπροσωπούν τα συμφέροντα του κινήματος στο σύνολό του

esto lo hacen en las diversas etapas de desarrollo por las que tiene que pasar la lucha de la clase obrera contra la burguesía

Αυτό το κάνουν στα διάφορα στάδια ανάπτυξης, από τα οποία πρέπει να περάσει η πάλη της εργατικής τάξης ενάντια στην αστική τάξη

Los comunistas son, por lo tanto, por una parte, prácticamente, el sector más avanzado y resuelto de los partidos obreros de todos los países

Οι κομμουνιστές, επομένως, είναι από τη μια μεριά, πρακτικά, το πιο προηγμένο και αποφασιστικό τμήμα των εργατικών κομμάτων κάθε χώρας

Son ese sector de la clase obrera que empuja hacia adelante a todos los demás

Είναι εκείνο το τμήμα της εργατικής τάξης που σπρώχνει προς τα εμπρός όλα τα άλλα

Teóricamente, también tienen la ventaja de entender claramente la línea de marcha

Θεωρητικά, έχουν επίσης το πλεονέκτημα της σαφούς κατανόησης της γραμμής του Μαρτίου

Esto lo comprenden mejor comparado con la gran masa del proletariado

Αυτό το καταλαβαίνουν καλύτερα σε σύγκριση με τη μεγάλη μάζα του προλεταριάτου

Comprenden las condiciones y los resultados generales finales del movimiento proletario

Κατανοούν τις συνθήκες και τα τελικά γενικά αποτελέσματα του προλεταριακού κινήματος

El objetivo inmediato del comunista es el mismo que el de todos los demás partidos proletarios

Ο άμεσος στόχος του κομμουνιστή είναι ο ίδιος με αυτόν όλων των άλλων προλεταριακών κομμάτων

Su objetivo es la formación del proletariado en una clase

Στόχος τους είναι η διαμόρφωση του προλεταριάτου σε τάξη

su objetivo es derrocar la supremacía burguesa

στοχεύουν στην ανατροπή της κυριαρχίας της αστικής τάξης

la lucha por la conquista del poder político por el proletariado

Ο αγώνας για την κατάκτηση της πολιτικής εξουσίας από το προλεταριάτο

Las conclusiones teóricas de los comunistas no se basan en modo alguno en ideas o principios de reformadores

Τα θεωρητικά συμπεράσματα των κομμουνιστών δεν βασίζονται καθόλου σε ιδέες ή αρχές ρεφορμιστών

no fueron los aspirantes a reformadores universales los que inventaron o descubrieron las conclusiones teóricas de los comunistas

Δεν ήταν οι επίδοξοι καθολικοί μεταρρυθμιστές που εφηύραν ή ανακάλυψαν τα θεωρητικά συμπεράσματα των κομμουνιστών.

Se limitan a expresar, en términos generales, las relaciones reales que surgen de una lucha de clases existente

Απλώς εκφράζουν, με γενικούς όρους, πραγματικές σχέσεις που πηγάζουν από μια υπάρχουσα ταξική πάλη

Y describen el movimiento histórico que está ocurriendo ante nuestros propios ojos y que ha creado esta lucha de clases

Και περιγράφουν το ιστορικό κίνημα που συμβαίνει κάτω από τα μάτια μας και δημιούργησαν αυτή την ταξική πάλη

La abolición de las relaciones de propiedad existentes no es en absoluto un rasgo distintivo del comunismo

Η κατάργηση των υπαρχουσών σχέσεων ιδιοκτησίας δεν είναι καθόλου χαρακτηριστικό γνώρισμα του κομμουνισμού

Todas las relaciones de propiedad en el pasado han estado continuamente sujetas a cambios históricos

Όλες οι σχέσεις ιδιοκτησίας στο παρελθόν υπόκεινται συνεχώς σε ιστορικές αλλαγές

y estos cambios fueron consecuencia del cambio en las condiciones históricas

Και αυτές οι αλλαγές ήταν συνέπεια της αλλαγής των ιστορικών συνθηκών

La Revolución Francesa, por ejemplo, abolió la propiedad feudal en favor de la propiedad burguesa

Η Γαλλική Επανάσταση, για παράδειγμα, κατάργησε τη φεουδαρχική ιδιοκτησία υπέρ της αστικής ιδιοκτησίας

El rasgo distintivo del comunismo no es la abolición de la propiedad, en general

Το χαρακτηριστικό γνώρισμα του κομμουνισμού δεν είναι η κατάργηση της ιδιοκτησίας, γενικά

pero el rasgo distintivo del comunismo es la abolición de la propiedad burguesa

Αλλά το χαρακτηριστικό γνώρισμα του κομμουνισμού είναι η κατάργηση της αστικής ιδιοκτησίας

Pero la propiedad privada de la burguesía moderna es la expresión última y más completa del sistema de producción y apropiación de productos

Αλλά η ατομική ιδιοκτησία της σύγχρονης αστικής τάξης είναι η τελική και πληρέστερη έκφραση του συστήματος παραγωγής και ιδιοποίησης προϊόντων

Es el estado final de un sistema que se basa en los antagonismos de clase, donde el antagonismo de clase es la explotación de la mayoría por unos pocos

Είναι η τελική κατάσταση ενός συστήματος που βασίζεται σε ταξικούς ανταγωνισμούς, όπου ο ταξικός ανταγωνισμός είναι η εκμετάλλευση των πολλών από τους λίγους

En este sentido, la teoría de los comunistas puede resumirse en una sola frase; la abolición de la propiedad privada

Με αυτή την έννοια, η θεωρία των κομμουνιστών μπορεί να συνοψιστεί στη μοναδική πρόταση. την κατάργηση της ατομικής ιδιοκτησίας

A los comunistas se nos ha reprochado el deseo de abolir el derecho de adquirir personalmente la propiedad

Εμείς οι κομμουνιστές κατηγορηθήκαμε για την επιθυμία κατάργησης του δικαιώματος προσωπικής απόκτησης ιδιοκτησίας

Se afirma que esta propiedad es el fruto del propio trabajo de un hombre

Υποστηρίζεται ότι αυτή η ιδιότητα είναι ο καρπός της εργασίας ενός ανθρώπου

y se alega que esta propiedad es la base de toda libertad, actividad e independencia personal.

Και αυτή η ιδιοκτησία φέρεται να είναι το θεμέλιο κάθε προσωπικής ελευθερίας, δραστηριότητας και ανεξαρτησίας.

"¡Propiedad ganada con esfuerzo, adquirida por uno mismo, ganada por uno mismo!"

"Σκληρά κερδισμένη, αυτοαποκτηθείσα, αυτοκερδισμένη ιδιοκτησία!"

¿Te refieres a la propiedad del pequeño artesano y del pequeño campesino?

Εννοείτε την ιδιοκτησία του μικροτεχνίτη και του μικρού αγρότη;

¿Te refieres a una forma de propiedad que precedió a la forma burguesa?

Εννοείτε μια μορφή ιδιοκτησίας που προηγήθηκε της μορφής της αστικής τάξης;

No hay necesidad de abolir eso, el desarrollo de la industria ya lo ha destruido en gran medida

Δεν υπάρχει λόγος να καταργηθεί αυτό, η ανάπτυξη της βιομηχανίας την έχει ήδη καταστρέψει σε μεγάλο βαθμό

y el desarrollo de la industria sigue destruyéndola diariamente

Και η ανάπτυξη της βιομηχανίας εξακολουθεί να την καταστρέφει καθημερινά

¿O te refieres a la propiedad privada de la burguesía moderna?

Ή μήπως εννοείτε την ατομική ιδιοκτησία της σύγχρονης αστικής τάξης;

Pero, ¿crea el trabajo asalariado alguna propiedad para el trabajador?

Αλλά η μισθωτή εργασία δημιουργεί κάποια ιδιοκτησία για τον εργάτη;

¡No, el trabajo asalariado no crea ni una pizca de este tipo de propiedad!

Όχι, η μισθωτή εργασία δεν δημιουργεί ούτε ένα κομμάτι αυτού του είδους ιδιοκτησίας!

Lo que sí crea el trabajo asalariado es capital; ese tipo de propiedad que explota el trabajo asalariado

Αυτό που δημιουργεί η μισθωτή εργασία είναι το κεφάλαιο. Αυτό το είδος ιδιοκτησίας που εκμεταλλεύεται τη μισθωτή εργασία

El capital no puede aumentar sino a condición de engendrar una nueva oferta de trabajo asalariado para una nueva explotación

Το κεφάλαιο δεν μπορεί να αυξηθεί παρά μόνο υπό τον όρο της δημιουργίας μιας νέας προσφοράς μισθωτής εργασίας για νέα εκμετάλλευση

La propiedad, en su forma actual, se basa en el antagonismo entre el capital y el trabajo asalariado

Η ιδιοκτησία, στη σημερινή της μορφή, βασίζεται στον ανταγωνισμό κεφαλαίου και μισθωτής εργασίας

Examinemos los dos lados de este antagonismo

Ας εξετάσουμε και τις δύο πλευρές αυτού του ανταγωνισμού

Ser capitalista es tener no sólo un estatus puramente personal

Το να είσαι καπιταλιστής σημαίνει να μην έχεις μόνο μια καθαρά προσωπική υπόσταση

En cambio, ser capitalista es también tener un estatus social en la producción

Αντίθετα, το να είσαι καπιταλιστής σημαίνει επίσης να έχεις μια κοινωνική θέση στην παραγωγή

porque el capital es un producto colectivo; Sólo mediante la acción unida de muchos miembros puede ponerse en marcha

επειδή το κεφάλαιο είναι ένα συλλογικό προϊόν. Μόνο με την ενωμένη δράση πολλών μελών μπορεί να τεθεί σε κίνηση

Pero esta acción unida es el último recurso, y en realidad requiere de todos los miembros de la sociedad

Αλλά αυτή η ενωμένη δράση είναι η έσχατη λύση, και στην πραγματικότητα απαιτεί όλα τα μέλη της κοινωνίας

El capital se convierte en propiedad de todos los miembros de la sociedad

Το κεφάλαιο μετατρέπεται σε ιδιοκτησία όλων των μελών της κοινωνίας

pero el Capital no es, por lo tanto, un poder personal; Es un poder social

Αλλά το Κεφάλαιο δεν είναι, επομένως, μια προσωπική δύναμη. Είναι μια κοινωνική δύναμη

Así, cuando el capital se convierte en propiedad social, la propiedad personal no se transforma en propiedad social

Έτσι, όταν το κεφάλαιο μετατρέπεται σε κοινωνική ιδιοκτησία, η προσωπική ιδιοκτησία δεν μετατρέπεται έτσι σε κοινωνική ιδιοκτησία

Lo único que cambia es el carácter social de la propiedad y pierde su carácter de clase

Μόνο ο κοινωνικός χαρακτήρας της ιδιοκτησίας αλλάζει και χάνει τον ταξικό της χαρακτήρα

Veamos ahora el trabajo asalariado

Ας δούμε τώρα τη μισθωτή εργασία

El precio medio del trabajo asalariado es el salario mínimo, es decir, la cantidad de medios de subsistencia

Η μέση τιμή της μισθωτής εργασίας είναι ο κατώτατος μισθός, δηλαδή το μέγεθος των μέσων διαβίωσης

Este salario es absolutamente necesario en la mera existencia de un obrero

Αυτός ο μισθός είναι απολύτως απαραίτητος για την ύπαρξη ενός εργάτη

Por lo tanto, lo que el asalariado se apropia por medio de su trabajo, sólo basta para prolongar y reproducir una existencia desnuda

Ό,τι λοιπόν ιδιοποιείται ο μισθωτός εργάτης μέσω της εργασίας του, αρκεί απλώς για να παρατείνει και να αναπαράγει μια γυμνή ύπαρξη

De ninguna manera pretendemos abolir esta apropiación personal de los productos del trabajo

Σε καμία περίπτωση δεν σκοπεύουμε να καταργήσουμε αυτή την προσωπική ιδιοποίηση των προϊόντων της εργασίας

una apropiación que se hace para el mantenimiento y la reproducción de la vida humana

πίστωση που προορίζεται για τη διατήρηση και την αναπαραγωγή της ανθρώπινης ζωής

Tal apropiación personal de los productos del trabajo no deja ningún excedente con el que ordenar el trabajo de otros

Μια τέτοια προσωπική ιδιοποίηση των προϊόντων της εργασίας δεν αφήνει κανένα πλεόνασμα για να διευθύνει την εργασία των άλλων

Lo único que queremos eliminar es el carácter miserable de esta apropiación

Το μόνο που θέλουμε να καταργήσουμε είναι ο άθλιος χαρακτήρας αυτής της πίστωσης

la apropiación bajo la cual vive el obrero sólo para aumentar el capital

Η ιδιοποίηση κάτω από την οποία ζει ο εργάτης μόνο και μόνο για να αυξήσει το κεφάλαιο

Sólo se le permite vivir en la medida en que lo exija el interés de la clase dominante

Του επιτρέπεται να ζει μόνο στο βαθμό που το απαιτεί το συμφέρον της άρχουσας τάξης

En la sociedad burguesa, el trabajo vivo no es más que un medio para aumentar el trabajo acumulado

Στην αστική κοινωνία, η ζωντανή εργασία δεν είναι παρά ένα μέσο για την αύξηση της συσσωρευμένης εργασίας

En la sociedad comunista, el trabajo acumulado no es más que un medio para ampliar, para enriquecer y para promover la existencia del obrero

Στην κομμουνιστική κοινωνία, η συσσωρευμένη εργασία δεν είναι παρά ένα μέσο διεύρυνσης, πλουτισμού, προώθησης της ύπαρξης του εργάτη

En la sociedad burguesa, por lo tanto, el pasado domina al presente

Στην αστική κοινωνία, επομένως, το παρελθόν κυριαρχεί στο παρόν

en la sociedad comunista el presente domina al pasado

στην κομμουνιστική κοινωνία το παρόν κυριαρχεί στο παρελθόν

En la sociedad burguesa el capital es independiente y tiene individualidad

Στην αστική κοινωνία το κεφάλαιο είναι ανεξάρτητο και έχει ατομικότητα

En la sociedad burguesa la persona viva es dependiente y no tiene individualidad

Στην αστική κοινωνία ο ζωντανός άνθρωπος είναι εξαρτημένος και δεν έχει ατομικότητα

¡Y la abolición de este estado de cosas es llamada por la burguesía, abolición de la individualidad y de la libertad!

Και η κατάργηση αυτής της κατάστασης πραγμάτων ονομάζεται από την αστική τάξη, κατάργηση της ατομικότητας και της ελευθερίας!

¡Y con razón se llama la abolición de la individualidad y de la libertad!

Και δικαίως ονομάζεται κατάργηση της ατομικότητας και της ελευθερίας!

El comunismo aspira a la abolición de la individualidad burguesa

Ο κομμουνισμός στοχεύει στην κατάργηση της αστικής ατομικότητας

El comunismo pretende la abolición de la independencia burguesa

Ο κομμουνισμός σκοπεύει στην κατάργηση της αστικής ανεξαρτησίας

La libertad burguesa es, sin duda, a lo que aspira el comunismo

Η ελευθερία της αστικής τάξης είναι αναμφίβολα αυτό στο οποίο στοχεύει ο κομμουνισμός

en las actuales condiciones de producción de la burguesía, la libertad significa libre comercio, libre venta y compra

Στις σημερινές αστικές συνθήκες παραγωγής, ελευθερία σημαίνει ελεύθερο εμπόριο, ελεύθερη πώληση και αγορά

Pero si desaparece la venta y la compra, también desaparece la libre venta y la compra

Αλλά αν η πώληση και η αγορά εξαφανιστούν, η ελεύθερη πώληση και η αγορά εξαφανίζονται επίσης

Las "palabras valientes" de la burguesía sobre la libre venta y compra sólo tienen sentido en un sentido limitado

Τα «γενναία λόγια» της αστικής τάξης για την ελεύθερη πώληση και αγορά έχουν νόημα μόνο με μια περιορισμένη έννοια

Estas palabras tienen significado solo en contraste con la venta y la compra restringidas

Αυτές οι λέξεις έχουν νόημα μόνο σε αντίθεση με τις περιορισμένες πωλήσεις και αγορές

y estas palabras sólo tienen sentido cuando se aplican a los comerciantes encadenados de la Edad Media

Και αυτές οι λέξεις έχουν νόημα μόνο όταν εφαρμόζονται στους δέσμιους εμπόρους του Μεσαίωνα

y eso supone que estas palabras incluso tienen un significado en un sentido burgués

Και αυτό προϋποθέτει ότι αυτές οι λέξεις έχουν νόημα ακόμη και με την αστική έννοια

pero estas palabras no tienen ningún significado cuando se usan para oponerse a la abolición comunista de la compra y venta

αλλά αυτές οι λέξεις δεν έχουν νόημα όταν
χρησιμοποιούνται για να αντιταχθούν στην κομμουνιστική
κατάργηση της αγοράς και της πώλησης

**las palabras no tienen sentido cuando se usan para oponerse
a la abolición de las condiciones de producción de la
burguesía**

Οι λέξεις δεν έχουν κανένα νόημα όταν χρησιμοποιούνται
για να αντιταχθούν στην κατάργηση των όρων παραγωγής
της αστικής τάξης

**y no tienen ningún sentido cuando se utilizan para oponerse
a la abolición de la propia burguesía**

και δεν έχουν κανένα νόημα όταν χρησιμοποιούνται για να
αντιταχθούν στην κατάργηση της ίδιας της αστικής τάξης

**Ustedes están horrorizados de nuestra intención de acabar
con la propiedad privada**

Είστε τρομοκρατημένοι από την πρόθεσή μας να
καταργήσουμε την ιδιωτική ιδιοκτησία

**Pero en la sociedad actual, la propiedad privada ya ha sido
eliminada para las nueve décimas partes de la población**

Αλλά στην υπάρχουσα κοινωνία σας, η ιδιωτική ιδιοκτησία
έχει ήδη καταργηθεί για τα εννέα δέκατα του πληθυσμού

**La existencia de la propiedad privada para unos pocos se
debe únicamente a su inexistencia en manos de las nueve
décimas partes de la población**

Η ύπαρξη ιδιωτικής ιδιοκτησίας για τους λίγους οφείλεται
αποκλειστικά στην ανυπαρξία της στα χέρια των εννέα
δεκάτων του πληθυσμού

**Por lo tanto, nos reprochas que pretendamos acabar con una
forma de propiedad**

Μας κατηγορείτε, λοιπόν, ότι σκοπεύουμε να
καταργήσουμε μια μορφή ιδιοκτησίας

**Pero la propiedad privada requiere la inexistencia de
propiedad alguna para la inmensa mayoría de la sociedad**

Αλλά η ατομική ιδιοκτησία απαιτεί την ανυπαρξία
οποιασδήποτε ιδιοκτησίας για την τεράστια πλειοψηφία
της κοινωνίας

En una palabra, nos reprochas que pretendamos acabar con tu propiedad

Με μια λέξη, μας κατηγορείτε ότι σκοπεύουμε να καταργήσουμε την περιουσία σας

Y es precisamente así; prescindir de su propiedad es justo lo que pretendemos .

Και είναι ακριβώς έτσι. Η κατάργηση του ακινήτου σας είναι ακριβώς αυτό που σκοπεύουμε

Desde el momento en que el trabajo ya no puede convertirse en capital, dinero o renta

Από τη στιγμή που η εργασία δεν μπορεί πλέον να μετατραπεί σε κεφάλαιο, χρήμα ή ενοίκιο

cuando el trabajo ya no puede convertirse en un poder social capaz de ser monopolizado

όταν η εργασία δεν μπορεί πλέον να μετατραπεί σε κοινωνική δύναμη ικανή να μονοπωληθεί

desde el momento en que la propiedad individual ya no puede transformarse en propiedad burguesa

από τη στιγμή που η ατομική ιδιοκτησία δεν μπορεί πλέον να μετατραπεί σε αστική ιδιοκτησία

desde el momento en que la propiedad individual ya no puede transformarse en capital

από τη στιγμή που η ατομική ιδιοκτησία δεν μπορεί πλέον να μετατραπεί σε κεφάλαιο

A partir de ese momento, dices que la individualidad se desvanece

Από εκείνη τη στιγμή, λέτε ότι η ατομικότητα εξαφανίζεται

Debéis confesar, pues, que por "individuo" no os referimos a otra persona que a la burguesía

Πρέπει, επομένως, να ομολογήσετε ότι με τον όρο «άτομο» δεν εννοείτε κανένα άλλο πρόσωπο εκτός από την αστική τάξη

Debes confesar que se refiere específicamente al propietario de una propiedad de clase media

Πρέπει να ομολογήσετε ότι αναφέρεται συγκεκριμένα στον ιδιοκτήτη ιδιοκτησίας της μεσαίας τάξης

Esta persona debe, en verdad, ser barrida del camino, y hecha imposible

Αυτό το άτομο πρέπει, πράγματι, να παρασυρθεί από τη μέση και να καταστεί αδύνατο

El comunismo no priva a ningún hombre del poder de apropiarse de los productos de la sociedad

Ο κομμουνισμός δεν στερεί από κανέναν άνθρωπο τη δύναμη να ιδιοποιηθεί τα προϊόντα της κοινωνίας

todo lo que hace el comunismo es privarlo del poder de subyugar el trabajo de otros por medio de tal apropiación

Το μόνο που κάνει ο κομμουνισμός είναι να του στερεί τη δύναμη να υποτάσσει την εργασία των άλλων μέσω μιας τέτοιας ιδιοποίησης

Se ha objetado que, tras la abolición de la propiedad privada, cesará todo trabajo

Έχει διατυπωθεί η αντίρρηση ότι με την κατάργηση της ατομικής ιδιοκτησίας θα σταματήσει κάθε εργασία

y entonces se sugiere que la pereza universal se apoderará de nosotros

Και τότε προτείνεται ότι η καθολική τεμπελιά θα μας ξεπεράσει

De acuerdo con esto, la sociedad burguesa debería haber ido hace mucho tiempo a los perros por pura ociosidad

Σύμφωνα με αυτό, η αστική κοινωνία θα έπρεπε εδώ και πολύ καιρό να είχε πάει στα σκυλιά από καθαρή αδράνεια

porque los de sus miembros que trabajan, no adquieren nada

γιατί όσα από τα μέλη της εργάζονται, δεν αποκτούν τίποτα

y los de sus miembros que adquieren algo, no trabajan

Και εκείνα από τα μέλη της που αποκτούν οτιδήποτε, δεν εργάζονται

Toda esta objeción no es más que otra expresión de la tautología

Το σύνολο αυτής της αντίρρησης δεν είναι παρά μια άλλη έκφραση της ταυτολογίας

Ya no puede haber trabajo asalariado cuando ya no hay capital

Δεν μπορεί πλέον να υπάρχει μισθωτή εργασία όταν δεν υπάρχει πλέον κεφάλαιο

No hay diferencia entre los productos materiales y los productos mentales

Δεν υπάρχει διαφορά μεταξύ υλικών προϊόντων και διανοητικών προϊόντων

El comunismo propone que ambos se producen de la misma manera

Ο κομμουνισμός προτείνει ότι και τα δύο αυτά παράγονται με τον ίδιο τρόπο

pero las objeciones contra los modos comunistas de producirlos son las mismas

αλλά οι αντιρρήσεις ενάντια στους κομμουνιστικούς τρόπους παραγωγής τους είναι οι ίδιες

para la burguesía, la desaparición de la propiedad de clase es la desaparición de la producción misma

Για την αστική τάξη η εξαφάνιση της ταξικής ιδιοκτησίας είναι η εξαφάνιση της ίδιας της παραγωγής

De modo que la desaparición de la cultura de clase es para él idéntica a la desaparición de toda cultura

Έτσι, η εξαφάνιση της ταξικής κουλτούρας είναι γι' αυτόν ταυτόσημη με την εξαφάνιση κάθε πολιτισμού

Esa cultura, cuya pérdida lamenta, es para la inmensa mayoría un mero entrenamiento para actuar como una máquina

Αυτή η κουλτούρα, για την απώλεια της οποίας θρηνεί, είναι για τη συντριπτική πλειοψηφία μια απλή εκπαίδευση για να ενεργεί ως μηχανή

Los comunistas tienen la firme intención de abolir la cultura de la propiedad burguesa

Οι κομμουνιστές σκοπεύουν πάρα πολύ να καταργήσουν την κουλτούρα της αστικής ιδιοκτησίας

Pero no discutan con nosotros mientras apliquen el estándar de sus nociones burguesas de libertad, cultura, ley, etc

Αλλά μην μαλώνετε μαζί μας όσο εφαρμόζετε το πρότυπο των αστικών σας εννοιών της ελευθερίας, του πολιτισμού, του νόμου κλπ

Vuestras mismas ideas no son más que el resultado de las condiciones de la producción burguesa y de la propiedad burguesa

Οι ίδιες οι ιδέες σας δεν είναι παρά το αποτέλεσμα των συνθηκών της αστικής σας παραγωγής και της αστικής ιδιοκτησίας

del mismo modo que vuestra jurisprudencia no es más que la voluntad de vuestra clase convertida en ley para todos

Ακριβώς όπως η νομολογία σας δεν είναι παρά η θέληση της τάξης σας που έγινε νόμος για όλους

El carácter esencial y la dirección de esta voluntad están determinados por las condiciones económicas que crea su clase social

Ο ουσιαστικός χαρακτήρας και η κατεύθυνση αυτής της θέλησης καθορίζονται από τις οικονομικές συνθήκες που δημιουργεί η κοινωνική σας τάξη

El concepto erróneo egoísta que te induce a transformar las formas sociales en leyes eternas de la naturaleza y de la razón

Η εγωιστική παρανόηση που σας ωθεί να μεταμορφώσετε τις κοινωνικές μορφές σε αιώνιους νόμους της φύσης και της λογικής

las formas sociales que brotan de vuestro actual modo de producción y de vuestra forma de propiedad

Οι κοινωνικές μορφές που πηγάζουν από τον τωρινό τρόπο παραγωγής και μορφής ιδιοκτησίας

relaciones históricas que surgen y desaparecen en el progreso de la producción

Ιστορικές σχέσεις που αναδύονται και εξαφανίζονται στην πρόοδο της παραγωγής

Este concepto erróneo lo compartes con todas las clases dominantes que te han precedido

Αυτή την παρανόηση που μοιράζεστε με κάθε άρχουσα τάξη που έχει προηγηθεί από εσάς

Lo que se ve claramente en el caso de la propiedad antigua, lo que se admite en el caso de la propiedad feudal

Τι βλέπετε καθαρά στην περίπτωση της αρχαίας ιδιοκτησίας, τι παραδέχεστε στην περίπτωση της φεουδαρχικής ιδιοκτησίας

estas cosas, por supuesto, le está prohibido admitir en el caso de su propia forma burguesa de propiedad

Αυτά τα πράγματα φυσικά απαγορεύεται να τα παραδεχτείς στην περίπτωση της δικής σου αστικής αστικής τάξης

¡Abolición de la familia! Hasta los más radicales estallan ante esta infame propuesta de los comunistas

Κατάργηση της οικογένειας! Ακόμα και οι πιο ριζοσπαστικοί φουντώνουν σε αυτή την περιβόητη πρόταση των κομμουνιστών

¿Sobre qué base se asienta la familia actual, la familia Bourgeoisie?

Σε ποια βάση βασίζεται η σημερινή οικογένεια, η οικογένεια της μπουρζουαζίας;

La base de la familia actual se basa en el capital y la ganancia privada

Η ίδρυση της σημερινής οικογένειας βασίζεται στο κεφάλαιο και το ιδιωτικό κέρδος

En su forma completamente desarrollada, esta familia sólo existe entre la burguesía

Στην πλήρως αναπτυγμένη μορφή της, αυτή η οικογένεια υπάρχει μόνο μέσα στην αστική τάξη

Este estado de cosas encuentra su complemento en la ausencia práctica de la familia entre los proletarios

Αυτή η κατάσταση πραγμάτων βρίσκει το συμπλήρωμά της στην πρακτική απουσία της οικογένειας ανάμεσα στους προλετάριους

Este estado de cosas se puede encontrar en la prostitución pública

Αυτή η κατάσταση πραγμάτων μπορεί να βρεθεί στη δημόσια πορνεία

La familia Bourgeoisie se desvanecerá como algo natural cuando su complemento se desvanezca

Η οικογένεια της μπουρζουαζίας θα εξαφανιστεί όπως είναι φυσικό όταν εξαφανιστεί το συμπλήρωμά της

y ambos se desvanecerán con la desaparición del capital

Και οι δύο αυτές θα εξαφανιστούν με την εξαφάνιση του κεφαλαίου

¿Nos acusan de querer detener la explotación de los niños por parte de sus padres?

Μας κατηγορείτε ότι θέλουμε να σταματήσουμε την εκμετάλλευση των παιδιών από τους γονείς τους;

De este crimen nos declaramos culpables

Σε αυτό το έγκλημα παραδεχόμαστε την ενοχή μας

Pero, dirás, destruimos la más sagrada de las relaciones, cuando reemplazamos la educación en el hogar por la educación social

Αλλά, θα πείτε, καταστρέφουμε τις πιο ιερές σχέσεις, όταν αντικαθιστούμε την εκπαίδευση στο σπίτι με την κοινωνική εκπαίδευση

¿No es también social su educación? ¿Y no está determinado por las condiciones sociales en las que se educa?

Η εκπαίδευσή σας δεν είναι επίσης κοινωνική; Και δεν καθορίζεται από τις κοινωνικές συνθήκες κάτω από τις οποίες εκπαιδεύετε;

por la intervención, directa o indirecta, de la sociedad, por medio de las escuelas, etc.

με την παρέμβαση, άμεση ή έμμεση, της κοινωνίας, μέσω των σχολείων κ.λπ.

Los comunistas no han inventado la intervención de la sociedad en la educación

Οι κομμουνιστές δεν εφηύραν την παρέμβαση της κοινωνίας στην εκπαίδευση

lo único que pretenden es alterar el carácter de esa intervención

Δεν επιδιώκουν παρά να αλλοιώσουν τον χαρακτήρα αυτής της παρεμβάσεως

y buscan rescatar la educación de la influencia de la clase dominante

Και επιδιώκουν να διασώσουν την εκπαίδευση από την επιρροή της άρχουσας τάξης

La burguesía habla de la sagrada correlación entre padres e hijos

Η αστική τάξη μιλά για την αγιασμένη σχέση γονέα και παιδιού

pero esta trampa sobre la familia y la educación se vuelve aún más repugnante cuando miramos a la industria moderna

Αλλά αυτή η παγίδα για την οικογένεια και την εκπαίδευση γίνεται όλο και πιο αηδιαστική όταν κοιτάζουμε τη σύγχρονη βιομηχανία

Todos los lazos familiares entre los proletarios son desgarrados por la industria moderna

Όλοι οι οικογενειακοί δεσμοί μεταξύ των προλετάριων σπαράσσονται από τη σύγχρονη βιομηχανία

Sus hijos se transforman en simples artículos de comercio e instrumentos de trabajo

Τα παιδιά τους μετατρέπονται σε απλά αντικείμενα εμπορίου και εργαλεία εργασίας

Pero vosotros, los comunistas, creáis una comunidad de mujeres, grita a coro toda la burguesía

Αλλά εσείς οι κομμουνιστές θα δημιουργούσατε μια κοινότητα γυναικών, φωνάζει εν χορώ ολόκληρη η αστική τάξη

La burguesía ve en su mujer un mero instrumento de producción

Η αστική τάξη βλέπει στη γυναίκα του ένα απλό εργαλείο παραγωγής

Oye que los instrumentos de producción deben ser explotados por todos

Ακούει ότι τα μέσα παραγωγής πρέπει να τα εκμεταλλεύονται όλοι

Y, naturalmente, no puede llegar a otra conclusión que la de que la suerte de ser común a todos recaerá igualmente en las mujeres

Και, φυσικά, δεν μπορεί να καταλήξει σε άλλο συμπέρασμα από το ότι η μοίρα του να είναι κοινή για όλους θα πέσει επίσης στις γυναίκες

Ni siquiera sospecha que el verdadero objetivo es acabar con la condición de la mujer como meros instrumentos de producción

Δεν έχει καν την παραμικρή υποψία ότι το πραγματικό ζήτημα είναι να καταργηθεί η θέση των γυναικών ως απλών μέσων παραγωγής

Por lo demás, nada es más ridículo que la virtuosa indignación de nuestra burguesía contra la comunidad de mujeres

Για τα υπόλοιπα, τίποτα δεν είναι πιο γελοίο από την ενάρετη αγανάκτηση της αστικής μας τάξης για την κοινότητα των γυναικών

pretenden que sea abierta y oficialmente establecida por los comunistas

προσποιούνται ότι πρόκειται να καθιερωθεί ανοιχτά και επίσημα από τους κομμουνιστές

Los comunistas no tienen necesidad de introducir la comunidad de mujeres, ha existido casi desde tiempos inmemoriales

Οι κομμουνιστές δεν έχουν ανάγκη να εισαγάγουν κοινότητα γυναικών, υπάρχει σχεδόν από αμνημονεύτων χρόνων

Nuestra burguesía no se contenta con tener a su disposición a las mujeres e hijas de sus proletarios

Η αστική μας τάξη δεν αρκείται στο να έχει στη διάθεσή της τις συζύγους και τις κόρες των προλετάριων της

Tienen el mayor placer en seducir a las esposas de los demás

Παίρνουν τη μεγαλύτερη ευχαρίστηση να αποπλανούν ο ένας τις συζύγους του άλλου

Y eso sin hablar de las prostitutas comunes

Και αυτό δεν είναι καν για να μιλήσουμε για κοινές

El matrimonio burgués es en realidad un sistema de esposas en común

Ο αστικός γάμος είναι στην πραγματικότητα ένα κοινό σύστημα συζύγων

entonces hay una cosa que se podría reprochar a los comunistas

τότε υπάρχει ένα πράγμα για το οποίο θα μπορούσαν ενδεχομένως να κατηγορηθούν οι κομμουνιστές

Desean introducir una comunidad de mujeres abiertamente legalizada

επιθυμούν να εισαγάγουν μια ανοιχτά νομιμοποιημένη κοινότητα γυναικών

en lugar de una comunidad de mujeres hipócritamente oculta

αντί για μια υποκριτικά κρυμμένη κοινότητα γυναικών

la comunidad de mujeres que surgen del sistema de producción

Η κοινότητα των γυναικών που ξεπηδά από το σύστημα παραγωγής

abolid el sistema de producción y abolid la comunidad de mujeres

Καταργήστε το σύστημα παραγωγής και καταργείτε την κοινότητα των γυναικών

Se suprime la prostitución pública y la prostitución privada

Τόσο η δημόσια πορνεία καταργείται όσο και η ιδιωτική πορνεία

A los comunistas se les reprocha, además, que desean abolir los países y las nacionalidades

Οι κομμουνιστές κατηγορούνται όλο και περισσότερο ότι επιθυμούν να καταργήσουν χώρες και εθνότητες

Los trabajadores no tienen patria, así que no podemos quitarles lo que no tienen

Οι εργαζόμενοι δεν έχουν πατρίδα, οπότε δεν μπορούμε να τους πάρουμε αυτό που δεν έχουν

El proletariado debe, ante todo, adquirir la supremacía política

Το προλεταριάτο πρέπει πρώτα απ' όλα να αποκτήσει πολιτική υπεροχή

El proletariado debe elevarse para ser la clase dirigente de la nación

Το προλεταριάτο πρέπει να αναδειχθεί σε ηγετική τάξη του έθνους

El proletariado debe constituirse en la nación

Το προλεταριάτο πρέπει να συγκροτήσει το ίδιο το έθνος

es, hasta ahora, nacional, aunque no en el sentido burgués de la palabra

Είναι, μέχρι στιγμής, η ίδια εθνική, αν και όχι με την αστική έννοια της λέξης

Las diferencias nacionales y los antagonismos entre los pueblos desaparecen cada día más

Οι εθνικές διαφορές και ανταγωνισμοί μεταξύ των λαών εξαφανίζονται καθημερινά όλο και περισσότερο

debido al desarrollo de la burguesía, a la libertad de comercio, al mercado mundial

λόγω της ανάπτυξης της αστικής τάξης, της ελευθερίας του εμπορίου, της παγκόσμιας αγοράς

a la uniformidad en el modo de producción y en las condiciones de vida correspondientes

στην ομοιομορφία του τρόπου παραγωγής και των συνθηκών ζωής που αντιστοιχούν σε αυτόν·

La supremacía del proletariado hará que desaparezcan aún más rápidamente

Η υπεροχή του προλεταριάτου θα τους κάνει να εξαφανιστούν ακόμα πιο γρήγορα

La acción unida, al menos de los principales países civilizados, es una de las primeras condiciones para la emancipación del proletariado

Η ενωμένη δράση, τουλάχιστον των ηγετικών πολιτισμένων χωρών, είναι ένας από τους πρώτους όρους για τη χειραφέτηση του προλεταριάτου

En la medida en que se ponga fin a la explotación de un individuo por otro, también se pondrá fin a la explotación de una nación por otra.

Ανάλογα με το τέλος της εκμετάλλευσης ενός ατόμου από ένα άλλο, θα τεθεί επίσης τέλος στην εκμετάλλευση ενός έθνους από ένα άλλο

A medida que desaparezca el antagonismo entre las clases dentro de la nación, la hostilidad de una nación hacia otra llegará a su fin

Ανάλογα με την εξαφάνιση του ανταγωνισμού μεταξύ των τάξεων μέσα στο έθνος, η εχθρότητα του ενός έθνους προς το άλλο θα τελειώσει

Las acusaciones contra el comunismo hechas desde un punto de vista religioso, filosófico y, en general, ideológico, no merecen un examen serio

Οι κατηγορίες εναντίον του κομμουνισμού που διατυπώνονται από θρησκευτική, φιλοσοφική και, γενικά, ιδεολογική άποψη, δεν αξίζουν σοβαρής εξέτασης

¿Se requiere una intuición profunda para comprender que las ideas, puntos de vista y concepciones del hombre cambian con cada cambio en las condiciones de su existencia material?

Χρειάζεται βαθιά διαίσθηση για να κατανοήσουμε ότι οι ιδέες, οι απόψεις και οι αντιλήψεις του ανθρώπου αλλάζουν με κάθε αλλαγή στις συνθήκες της υλικής του ύπαρξης;

¿No es obvio que la conciencia del hombre cambia cuando cambian sus relaciones sociales y su vida social?

Δεν είναι φανερό ότι η συνείδηση του ανθρώπου αλλάζει όταν αλλάζουν οι κοινωνικές του σχέσεις και η κοινωνική του ζωή;

¿Qué otra cosa prueba la historia de las ideas sino que la producción intelectual cambia de carácter a medida que cambia la producción material?

Τι άλλο αποδεικνύει η ιστορία των ιδεών, από το ότι η
πνευματική παραγωγή αλλάζει τον χαρακτήρα της
ανάλογα με την αλλαγή της υλικής παραγωγής;

**Las ideas dominantes de cada época han sido siempre las
ideas de su clase dominante**

Οι κυρίαρχες ιδέες κάθε εποχής ήταν πάντα οι ιδέες της
άρχουσας τάξης της

**Cuando se habla de ideas que revolucionan la sociedad, no
hace más que expresar un hecho**

Όταν οι άνθρωποι μιλούν για ιδέες που φέρνουν
επανάσταση στην κοινωνία, εκφράζουν μόνο ένα γεγονός

**Dentro de la vieja sociedad, se han creado los elementos de
una nueva**

Μέσα στην παλιά κοινωνία, τα στοιχεία μιας νέας έχουν
δημιουργηθεί

**y que la disolución de las viejas ideas sigue el mismo ritmo
que la disolución de las viejas condiciones de existencia**

και ότι η διάλυση των παλιών ιδεών συμβαδίζει με τη
διάλυση των παλιών συνθηκών ύπαρξης

**Cuando el mundo antiguo estaba en sus últimos estertores,
las religiones antiguas fueron vencidas por el cristianismo**

Όταν ο αρχαίος κόσμος βρισκόταν στην τελευταία του
αγωνία, οι αρχαίες θρησκείες ξεπεράστηκαν από τον
Χριστιανισμό

**Cuando las ideas cristianas sucumbieron en el siglo XVIII a
las ideas racionalistas, la sociedad feudal libró su batalla a
muerte contra la burguesía revolucionaria de entonces**

Όταν οι χριστιανικές ιδέες υπέκυψαν τον 18ο αιώνα στις
ορθολογιστικές ιδέες, η φεουδαρχική κοινωνία έδωσε τη
μάχη του θανάτου της με την τότε επαναστατική αστική
τάξη

**Las ideas de la libertad religiosa y de la libertad de
conciencia no hacían más que expresar el dominio de la libre
competencia en el dominio del conocimiento**

Οι ιδέες της θρησκευτικής ελευθερίας και της ελευθερίας συνείδησης απλώς εξέφρασαν την κυριαρχία του ελεύθερου ανταγωνισμού στο πεδίο της γνώσης

"Indudablemente", se dirá, "las ideas religiosas, morales, filosóficas y jurídicas se han modificado en el curso del desarrollo histórico"

«Αναμφίβολα», θα ειπωθεί, «οι θρησκευτικές, ηθικές, φιλοσοφικές και νομικές ιδέες έχουν τροποποιηθεί κατά τη διάρκεια της ιστορικής εξέλιξης»

"Pero la religión, la filosofía de la moral, la ciencia política y el derecho, sobrevivieron constantemente a este cambio"

«Αλλά η θρησκεία, η ηθική, η φιλοσοφία, η πολιτική επιστήμη και το δίκαιο, επιβίωναν συνεχώς από αυτή την αλλαγή»

"También hay verdades eternas, como la Libertad, la Justicia, etc."

«Υπάρχουν και αιώνιες αλήθειες, όπως η Ελευθερία, η Δικαιοσύνη κ.λπ.»

"Estas verdades eternas son comunes a todos los estados de la sociedad"

«Αυτές οι αιώνιες αλήθειες είναι κοινές σε όλες τις καταστάσεις της κοινωνίας»

"Pero el comunismo suprime las verdades eternas, suprime toda religión y toda moral"

«Αλλά ο κομμουνισμός καταργεί τις αιώνιες αλήθειες, καταργεί κάθε θρησκεία και κάθε ηθική»

"Lo hace en lugar de constituirlos sobre una nueva base"

«Το κάνει αυτό αντί να τα συγκροτεί σε μια νέα βάση»

"Por lo tanto, actúa en contradicción con toda la experiencia histórica pasada"

«Επομένως, ενεργεί σε αντίθεση με όλη την ιστορική εμπειρία του παρελθόντος»

¿A qué se reduce esta acusación?

Σε τι περιορίζεται αυτή η κατηγορία;

La historia de toda la sociedad pasada ha consistido en el desarrollo de antagonismos de clase

Η ιστορία όλης της κοινωνίας του παρελθόντος συνίστατο στην ανάπτυξη ταξικών ανταγωνισμών

antagonismos que asumieron diferentes formas en diferentes épocas

Ανταγωνισμοί που πήραν διαφορετικές μορφές σε διαφορετικές εποχές

Pero cualquiera que sea la forma que hayan tomado, un hecho es común a todas las épocas pasadas

Αλλά όποια μορφή κι αν έχουν πάρει, ένα γεγονός είναι κοινό σε όλες τις περασμένες εποχές

la explotación de una parte de la sociedad por la otra

την εκμετάλλευση ενός μέρους της κοινωνίας από το άλλο

No es de extrañar, pues, que la conciencia social de épocas pasadas se mueva dentro de ciertas formas comunes o ideas generales

Δεν είναι περίεργο, λοιπόν, ότι η κοινωνική συνείδηση των περασμένων εποχών κινείται μέσα σε ορισμένες κοινές μορφές ή γενικές ιδέες

(y eso a pesar de toda la multiplicidad y variedad que muestra)

(και αυτό παρά την πολλαπλότητα και την ποικιλία που επιδεικνύει)

y éstos no pueden desaparecer por completo sino con la desaparición total de los antagonismos de clase

Και αυτά δεν μπορούν να εξαφανιστούν εντελώς παρά μόνο με την πλήρη εξαφάνιση των ταξικών ανταγωνισμών

La revolución comunista es la ruptura más radical con las relaciones tradicionales de propiedad

Η κομμουνιστική επανάσταση είναι η πιο ριζική ρήξη με τις παραδοσιακές σχέσεις ιδιοκτησίας

No es de extrañar que su desarrollo implique la ruptura más radical con las ideas tradicionales

Δεν είναι περίεργο ότι η ανάπτυξή της συνεπάγεται την πιο ριζική ρήξη με τις παραδοσιακές ιδέες

Pero dejemos de lado las objeciones de la burguesía al comunismo

Αλλά ας τελειώσουμε με τις αντιρρήσεις της αστικής τάξης για τον κομμουνισμό

Hemos visto más arriba el primer paso de la revolución de la clase obrera

Είδαμε παραπάνω το πρώτο βήμα της επανάστασης από την εργατική τάξη

Hay que elevar al proletariado a la posición de gobernante, para ganar la batalla de la democracia

Το προλεταριάτο πρέπει να ανυψωθεί σε θέση εξουσίας, για να κερδίσει τη μάχη της δημοκρατίας

El proletariado utilizará su supremacía política para arrebatar, poco a poco, todo el capital a la burguesía

Το προλεταριάτο θα χρησιμοποιήσει την πολιτική του υπεροχή για να αποσπάσει, βαθμιαία, όλο το κεφάλαιο από την αστική τάξη

centralizará todos los instrumentos de producción en manos del Estado

θα συγκεντρώσει όλα τα μέσα παραγωγής στα χέρια του κράτους

En otras palabras, el proletariado organizado como clase dominante

Με άλλα λόγια, το προλεταριάτο οργανωμένο ως άρχουσα τάξη

y aumentará el total de las fuerzas productivas lo más rápidamente posible

Και θα αυξήσει το σύνολο των παραγωγικών δυνάμεων όσο το δυνατόν γρηγορότερα

Por supuesto, al principio, esto no puede llevarse a cabo sino por medio de incursiones despóticas en los derechos de propiedad

Φυσικά, στην αρχή, αυτό δεν μπορεί να επιτευχθεί παρά μόνο μέσω δεσποτικών επιδρομών στα δικαιώματα ιδιοκτησίας

y tiene que lograrse en las condiciones de la producción burguesa

και πρέπει να επιτευχθεί στις συνθήκες της αστικής παραγωγής

Por lo tanto, se logra mediante medidas que parecen económicamente insuficientes e insostenibles

Επομένως, επιτυγχάνεται με μέτρα που φαίνονται οικονομικά ανεπαρκή και αβάσιμα

pero estos medios, en el curso del movimiento, se superan a sí mismos

Αλλά αυτά τα μέσα, κατά τη διάρκεια του κινήματος, ξεπερνούν τον εαυτό τους

Requieren nuevas incursiones en el viejo orden social

Απαιτούν περαιτέρω επιδρομές στην παλιά κοινωνική τάξη

y son ineludibles como medio de revolucionar por completo el modo de producción

Και είναι αναπόφευκτες ως μέσο πλήρους επαναστατικοποίησης του τρόπου παραγωγής

Por supuesto, estas medidas serán diferentes en los distintos países

Τα μέτρα αυτά θα είναι φυσικά διαφορετικά στις διάφορες χώρες

Sin embargo, en los países más avanzados, lo siguiente será de aplicación bastante general

Παρ 'όλα αυτά, στις πιο προηγμένες χώρες, τα ακόλουθα θα ισχύουν αρκετά γενικά

1. Abolición de la propiedad de la tierra y aplicación de todas las rentas de la tierra a fines públicos.

1. Κατάργηση της ιδιοκτησίας στη γη και διάθεση όλων των ενοικίων γης για δημόσιους σκοπούς.

2. Un fuerte impuesto progresivo o gradual sobre la renta.

2. Βαρύς προοδευτικός ή κλιμακωτός φόρος εισοδήματος.

3. Abolición de todo derecho de herencia.

3. Κατάργηση κάθε κληρονομικού δικαιώματος.

4. Confiscación de los bienes de todos los emigrantes y rebeldes.

4. Δήμευση της περιουσίας όλων των μεταναστών και ανταρτών.

5. Centralización del crédito en manos del Estado, por medio de un banco nacional de capital estatal y monopolio exclusivo.

5. Συγκέντρωση της πίστωσης στα χέρια του κράτους, μέσω μιας εθνικής τράπεζας με κρατικό κεφάλαιο και αποκλειστικό μονοπώλιο.

6. Centralización de los medios de comunicación y transporte en manos del Estado.

6. Συγκέντρωση των μέσων επικοινωνίας και μεταφοράς στα χέρια του κράτους.

7. Ampliación de fábricas e instrumentos de producción propiedad del Estado

7. Επέκταση εργοστασίων και μέσων παραγωγής που ανήκουν στο κράτος

la puesta en cultivo de tierras baldías y el mejoramiento del suelo en general de acuerdo con un plan común.

την καλλιέργεια των χέρσων εκτάσεων και τη βελτίωση του εδάφους γενικά σύμφωνα με ένα κοινό σχέδιο.

8. Igual responsabilidad de todos hacia el trabajo

8. Ίση ευθύνη όλων στην εργασία

Establecimiento de ejércitos industriales, especialmente para la agricultura.

Δημιουργία βιομηχανικών στρατών, ειδικά για τη γεωργία.

9. Combinación de la agricultura con las industrias manufactureras

9. Συνδυασμός γεωργίας και μεταποιητικών βιομηχανιών

Abolición gradual de la distinción entre la ciudad y el campo, por una distribución más equitativa de la población en todo el país.

Σταδιακή κατάργηση της διάκρισης μεταξύ πόλης και υπαίθρου, με μια πιο ομοιόμορφη κατανομή του πληθυσμού στη χώρα.

10. Educación gratuita para todos los niños en las escuelas públicas.

10. Δωρεάν εκπαίδευση για όλα τα παιδιά στα δημόσια σχολεία.

Abolición del trabajo infantil en las fábricas en su forma actual

Κατάργηση της παιδικής εργοστασιακής εργασίας στη σημερινή της μορφή

Combinación de la educación con la producción industrial

Συνδυασμός εκπαίδευσης και βιομηχανικής παραγωγής

Cuando, en el curso del desarrollo, las distinciones de clase han desaparecido

Όταν, στην πορεία της ανάπτυξης, οι ταξικές διακρίσεις έχουν εξαφανιστεί

y cuando toda la producción se ha concentrado en manos de una vasta asociación de toda la nación

Και όταν όλη η παραγωγή έχει συγκεντρωθεί στα χέρια μιας τεράστιας ένωσης ολόκληρου του έθνους

entonces el poder público perderá su carácter político

Τότε η δημόσια εξουσία θα χάσει τον πολιτικό της χαρακτήρα

El poder político, propiamente dicho, no es más que el poder organizado de una clase para oprimir a otra

Η πολιτική εξουσία, όπως σωστά ονομάζεται, είναι απλώς η οργανωμένη δύναμη μιας τάξης για την καταπίεση μιας άλλης

Si el proletariado, en su lucha contra la burguesía, se ve obligado, por la fuerza de las circunstancias, a organizarse como clase

Αν το προλεταριάτο κατά τη διάρκεια του ανταγωνισμού του με την αστική τάξη είναι υποχρεωμένο, από τη δύναμη των περιστάσεων, να οργανωθεί σαν τάξη

si, por medio de una revolución, se convierte en la clase dominante

αν, μέσω μιας επανάστασης, κάνει τον εαυτό της κυρίαρχη τάξη

y, como tal, barre por la fuerza las viejas condiciones de producción

Και, ως τέτοια, σαρώνει με τη βία τις παλιές συνθήκες παραγωγής

entonces, junto con estas condiciones, habrá barrido las condiciones para la existencia de los antagonismos de clase y de las clases en general

Τότε, μαζί με αυτές τις συνθήκες, θα έχει σαρώσει και τις συνθήκες ύπαρξης των ταξικών ανταγωνισμών και των τάξεων γενικά

y con ello habrá abolido su propia supremacía como clase.

και έτσι θα έχει καταργήσει τη δική της υπεροχή ως τάξη.

En lugar de la vieja sociedad burguesa, con sus clases y sus antagonismos de clase, tendremos una asociación

Στη θέση της παλιάς αστικής κοινωνίας, με τις τάξεις και τους ταξικούς ανταγωνισμούς της, θα έχουμε μια ένωση

una asociación en la que el libre desarrollo de cada uno sea la condición para el libre desarrollo de todos

μια ένωση στην οποία η ελεύθερη ανάπτυξη του καθενός είναι η προϋπόθεση για την ελεύθερη ανάπτυξη όλων

1) Socialismo reaccionario
1) Αντιδραστικός σοσιαλισμός

a) Socialismo feudal
α) Φεουδαρχικός σοσιαλισμός

las aristocracias de Francia e Inglaterra tenían una posición histórica única
οι αριστοκρατίες της Γαλλίας και της Αγγλίας είχαν μια μοναδική ιστορική θέση
se convirtió en su vocación escribir panfletos contra la sociedad burguesa moderna
Έγινε η αποστολή τους να γράφουν μπροσούρες ενάντια στη σύγχρονη αστική κοινωνία
En la Revolución Francesa de julio de 1830 y en la agitación reformista inglesa
Στη γαλλική επανάσταση του Ιουλίου του 1830 και στην αγγλική μεταρρυθμιστική αναταραχή
Estas aristocracias sucumbieron de nuevo ante el odioso advenedizo
Αυτές οι αριστοκρατίες υπέκυψαν και πάλι στον μισητό νεοσύστατο
A partir de entonces, una contienda política seria quedó totalmente fuera de discusión
Στο εξής, ένας σοβαρός πολιτικός ανταγωνισμός ήταν εντελώς εκτός συζήτησης
Todo lo que quedaba posible era una batalla literaria, no una batalla real
Το μόνο που απέμενε δυνατό ήταν μια λογοτεχνική μάχη, όχι μια πραγματική μάχη
Pero incluso en el dominio de la literatura, los viejos gritos del período de la restauración se habían vuelto imposibles
Αλλά ακόμη και στον τομέα της λογοτεχνίας οι παλιές κραυγές της περιόδου αποκατάστασης είχαν καταστεί αδύνατες

Para despertar simpatías, la aristocracia se vio obligada a perder de vista, aparentemente, sus propios intereses

Προκειμένου να προκαλέσει συμπάθεια, η αριστοκρατία ήταν υποχρεωμένη να χάσει από τα μάτια της, προφανώς, τα δικά της συμφέροντα

y se vieron obligados a formular su acusación contra la burguesía en interés de la clase obrera explotada

και ήταν υποχρεωμένοι να διατυπώσουν το κατηγορητήριό τους ενάντια στην αστική τάξη προς το συμφέρον της εκμεταλλευόμενης εργατικής τάξης

Así, la aristocracia se vengó cantando sátiras a su nuevo amo

Έτσι, η αριστοκρατία πήρε την εκδίκησή της τραγουδώντας λαμπιόνια στο νέο αφέντη της

y se vengaron susurrándole al oído siniestras profecías de catástrofe venidera

Και πήραν την εκδίκησή τους ψιθυρίζοντας στα αυτιά του μοχθηρές προφητείες για επερχόμενη καταστροφή

De esta manera surgió el socialismo feudal: mitad lamentación, mitad sátira

Με αυτόν τον τρόπο προέκυψε ο φεουδαρχικός σοσιαλισμός: μισός θρήνος, μισός λαμπούνος

Sonaba como medio eco del pasado y proyectaba mitad amenaza del futuro

Χτυπούσε σαν μισή ηχώ του παρελθόντος και πρόβαλλε μισή απειλή του μέλλοντος

a veces, con su crítica amarga, ingeniosa e incisiva, golpeó a la burguesía hasta la médula

Μερικές φορές, με την πικρή, πνευματώδη και διεισδυτική κριτική του, χτύπησε την αστική τάξη στον πυρήνα της καρδιάς

pero siempre fue ridículo en su efecto, por su total incapacidad para comprender la marcha de la historia moderna

Αλλά ήταν πάντα γελοίο στην επίδρασή του, λόγω της πλήρους ανικανότητας κατανόησης της πορείας της σύγχρονης ιστορίας

La aristocracia, con el fin de atraer al pueblo hacia ellos, agitaba la bolsa de limosnas proletaria delante como una bandera

Η αριστοκρατία, για να συσπειρώσει το λαό κοντά της, κυμάτιζε μπροστά της την προλεταριακή τσάντα ελεημοσύνης για ένα πανό

Pero el pueblo, tan a menudo como se unía a ellos, veía en sus cuartos traseros los antiguos escudos de armas feudales

Αλλά ο λαός, τόσο συχνά όσο ενωνόταν μαζί τους, έβλεπε στα οπίσθιά του τα παλιά φεουδαρχικά οικόσημα

y desertaron con carcajadas ruidosas e irreverentes

Και εγκατέλειψαν με δυνατά και ασεβή γέλια

Un sector de los legitimistas franceses y de la "Joven Inglaterra" exhibió este espectáculo

Ένα τμήμα των Γάλλων Νομιμόφρονων και της «Νεαρής Αγγλίας» παρουσίασε αυτό το θέαμα

los feudales señalaban que su modo de explotación era diferente al de la burguesía

Οι φεουδάρχες επεσήμαναν ότι ο τρόπος εκμετάλλευσής τους ήταν διαφορετικός από αυτόν της αστικής τάξης

Los feudales olvidan que explotaron en circunstancias y condiciones muy diferentes

Οι φεουδάρχες ξεχνούν ότι εκμεταλλεύτηκαν κάτω από συνθήκες και συνθήκες που ήταν εντελώς διαφορετικές

Y no se dieron cuenta de que tales métodos de explotación ahora son anticuados

Και δεν παρατήρησαν ότι τέτοιες μέθοδοι εκμετάλλευσης είναι πλέον απαρχαιωμένες

demostraron que, bajo su gobierno, el proletariado moderno nunca existió

Έδειξαν ότι, κάτω από την κυριαρχία τους, το σύγχρονο προλεταριάτο δεν υπήρξε ποτέ

pero olvidan que la burguesía moderna es el vástago necesario de su propia forma de sociedad

αλλά ξεχνούν ότι η σύγχρονη αστική τάξη είναι το αναγκαίο τέκνο της δικής τους μορφής κοινωνίας

Por lo demás, apenas ocultan el carácter reaccionario de su crítica

Κατά τα λοιπά, δύσκολα κρύβουν τον αντιδραστικό χαρακτήρα της κριτικής τους

su principal acusación contra la burguesía es la siguiente

Η κύρια κατηγορία τους ενάντια στην αστική τάξη είναι η ακόλουθη:

bajo el régimen de la burguesía se está desarrollando una clase social

Κάτω από το αστικό καθεστώς αναπτύσσεται μια κοινωνική τάξη

Esta clase social está destinada a cortar de raíz el viejo orden de la sociedad

Αυτή η κοινωνική τάξη προορίζεται να ριζώσει και να κλαδέψει την παλιά τάξη της κοινωνίας

Lo que reprochan a la burguesía no es tanto que cree un proletariado

Αυτό με το οποίο επιπλήττουν την αστική τάξη δεν είναι τόσο ότι δημιουργεί ένα προλεταριάτο

lo que reprochan a la burguesía es más bien que crea un proletariado revolucionario

Αυτό με το οποίο επιπλήττουν την αστική τάξη είναι περισσότερο ότι δημιουργεί ένα επαναστατικό προλεταριάτο

En la práctica política, por lo tanto, se unen a todas las medidas coercitivas contra la clase obrera

Στην πολιτική πρακτική, επομένως, συμμετέχουν σε όλα τα καταναγκαστικά μέτρα ενάντια στην εργατική τάξη

Y en la vida ordinaria, a pesar de sus frases altisonantes, se inclinan a recoger las manzanas de oro que caen del árbol de la industria

Και στη συνηθισμένη ζωή, παρά τις φράσεις highfalutin, σκύβουν για να πάρουν τα χρυσά μήλα που έπεσαν από το δέντρο της βιομηχανίας

y trocan la verdad, el amor y el honor por el comercio de lana, azúcar de remolacha y aguardiente de patata

Και ανταλλάσσουν την αλήθεια, την αγάπη και την τιμή με το εμπόριο μαλλιού, ζάχαρης παντζαριών και αποσταγμάτων πατάτας

Así como el párroco ha ido siempre de la mano con el terrateniente, así también lo ha hecho el socialismo clerical con el socialismo feudal

Όπως ο εφημέριος πήγαινε πάντα χέρι-χέρι με τον γαιοκτήμονα, έτσι και ο κληρικός σοσιαλισμός με τον φεουδαρχικό σοσιαλισμό

Nada es más fácil que dar al ascetismo cristiano un tinte socialista

Τίποτα δεν είναι ευκολότερο από το να δώσουμε στον χριστιανικό ασκητισμό μια σοσιαλιστική χροιά

¿No ha declamado el cristianismo contra la propiedad privada, contra el matrimonio, contra el Estado?

Δεν έχει διακηρύξει ο Χριστιανισμός ενάντια στην ατομική ιδιοκτησία, ενάντια στο γάμο, ενάντια στο κράτος;

¿No ha predicado el cristianismo en lugar de estos, la caridad y la pobreza?

Δεν κήρυξε ο Χριστιανισμός στη θέση αυτών, της φιλανθρωπίας και της φτώχειας;

¿Acaso el cristianismo no predica el celibato y la mortificación de la carne, la vida monástica y la Madre Iglesia?

Δεν κηρύττει ο Χριστιανισμός την αγαμία και την ταπείνωση της σάρκας, τη μοναστική ζωή και τη Μητέρα Εκκλησία;

El socialismo cristiano no es más que el agua bendita con la que el sacerdote consagra los ardores del corazón del aristócrata

Ο χριστιανικός σοσιαλισμός δεν είναι παρά το αγίασμα με το οποίο ο ιερέας καθαγιάζει τις καύσεις της καρδιάς του αριστοκράτη

b) Socialismo pequeñoburgués
β) Μικροαστικός σοσιαλισμός

La aristocracia feudal no fue la única clase arruinada por la burguesía

Η φεουδαρχική αριστοκρατία δεν ήταν η μόνη τάξη που καταστράφηκε από την αστική τάξη

no fue la única clase cuyas condiciones de existencia languidecieron y perecieron en la atmósfera de la sociedad burguesa moderna

Δεν ήταν η μόνη τάξη της οποίας οι συνθήκες ύπαρξης καθηλώθηκαν και χάθηκαν στην ατμόσφαιρα της σύγχρονης αστικής κοινωνίας

Los burgueses medievales y los pequeños propietarios campesinos fueron los precursores de la burguesía moderna

Οι μεσαιωνικοί αστοί και οι μικροί αγρότες ιδιοκτήτες ήταν οι πρόδρομοι της σύγχρονης αστικής τάξης

En los países poco desarrollados, industrial y comercialmente, estas dos clases siguen vegetando una al lado de la otra

Στις χώρες που είναι ελάχιστα ανεπτυγμένες, βιομηχανικά και εμπορικά, αυτές οι δύο τάξεις εξακολουθούν να φυτοζωούν δίπλα-δίπλα

y mientras tanto la burguesía se levanta junto a ellos: industrial, comercial y políticamente

Και εν τω μεταξύ η αστική τάξη ξεσηκώνεται δίπλα τους: βιομηχανικά, εμπορικά και πολιτικά

En los países donde la civilización moderna se ha desarrollado plenamente, se ha formado una nueva clase de pequeña burguesía

Σε χώρες όπου ο σύγχρονος πολιτισμός έχει αναπτυχθεί πλήρως, έχει σχηματιστεί μια νέα τάξη μικροαστικής τάξης

esta nueva clase social fluctúa entre el proletariado y la burguesía

Αυτή η νέα κοινωνική τάξη κυμαίνεται ανάμεσα στο προλεταριάτο και την αστική τάξη

y siempre se renueva como parte complementaria de la sociedad burguesa

και ανανεώνεται συνεχώς ως συμπληρωματικό τμήμα της αστικής κοινωνίας

Sin embargo, los miembros individuales de esta clase son constantemente arrojados al proletariado

Τα μεμονωμένα μέλη αυτής της τάξης, ωστόσο, ρίχνονται συνεχώς κάτω στο προλεταριάτο

son absorbidos por el proletariado a través de la acción de la competencia

Απορροφώνται από το προλεταριάτο μέσω της δράσης του ανταγωνισμού

A medida que la industria moderna se desarrolla, incluso ven acercarse el momento en que desaparecerán por completo como sección independiente de la sociedad moderna

Καθώς αναπτύσσεται η σύγχρονη βιομηχανία, βλέπουν ακόμη και τη στιγμή που πλησιάζει όταν θα εξαφανιστούν εντελώς ως ανεξάρτητο τμήμα της σύγχρονης κοινωνίας

Serán reemplazados, en las manufacturas, la agricultura y el comercio, por vigilantes, alguaciles y tenderos

Θα αντικατασταθούν, στη βιομηχανία, τη γεωργία και το εμπόριο, από επιβλέποντες, δικαστικούς επιμελητές και καταστηματάρχες

En países como Francia, donde los campesinos constituyen mucho más de la mitad de la población

Σε χώρες όπως η Γαλλία, όπου οι αγρότες αποτελούν πολύ περισσότερο από το ήμισυ του πληθυσμού

era natural que hubiera escritores que se pusieran del lado del proletariado contra la burguesía

Ήταν φυσικό να υπάρχουν συγγραφείς που τάχθηκαν με το μέρος του προλεταριάτου ενάντια στην αστική τάξη

en su crítica al régimen burgués utilizaron el estandarte de la pequeña burguesía campesina

Στην κριτική τους για το καθεστώς της αστικής τάξης χρησιμοποίησαν το πρότυπο της αγροτικής και μικροαστικής τάξης

Y desde el punto de vista de estas clases intermedias, toman el garrote de la clase obrera

Και από τη σκοπιά αυτών των ενδιάμεσων τάξεων παίρνουν τα χάδια για την εργατική τάξη

Así surgió el socialismo pequeñoburgués, del que Sismondi era el jefe de esta escuela, no sólo en Francia, sino también en Inglaterra

Έτσι προέκυψε ο μικροαστικός σοσιαλισμός, του οποίου ο Sismondi ήταν επικεφαλής αυτής της σχολής, όχι μόνο στη Γαλλία αλλά και στην Αγγλία

Esta escuela del socialismo diseccionó con gran agudeza las contradicciones de las condiciones de producción moderna

Αυτή η σχολή του σοσιαλισμού ανέλυσε με μεγάλη οξύτητα τις αντιφάσεις στις συνθήκες της σύγχρονης παραγωγής

Esta escuela puso al descubierto las apologías hipócritas de los economistas

Αυτή η σχολή αποκάλυψε τις υποκριτικές απολογίες των οικονομολόγων

Esta escuela demostró, incontrovertiblemente, los efectos desastrosos de la maquinaria y de la división del trabajo

Αυτό το σχολείο απέδειξε, αναμφισβήτητα, τις καταστροφικές συνέπειες των μηχανών και του καταμερισμού της εργασίας

Probó la concentración del capital y de la tierra en pocas manos

Απέδειξε τη συγκέντρωση κεφαλαίου και γης σε λίγα χέρια

demostró cómo la sobreproducción conduce a las crisis de la burguesía

απέδειξε πώς η υπερπαραγωγή οδηγεί σε κρίσεις της αστικής τάξης

señalaba la ruina inevitable de la pequeña burguesía y del campesino

Τόνιζε την αναπόφευκτη καταστροφή της μικροαστικής τάξης και του αγρότη

la miseria del proletariado, la anarquía en la producción, las desigualdades flagrantes en la distribución de la riqueza

Η δυστυχία του προλεταριάτου, η αναρχία στην παραγωγή, οι κραυγαλέες ανισότητες στην κατανομή του πλούτου

Mostró cómo el sistema de producción lidera la guerra industrial de exterminio entre naciones

Έδειξε πώς το σύστημα παραγωγής οδηγεί τον βιομηχανικό πόλεμο εξόντωσης μεταξύ των εθνών

la disolución de los viejos lazos morales, de las viejas relaciones familiares, de las viejas nacionalidades

τη διάλυση των παλαιών ηθικών δεσμών, των παλαιών οικογενειακών σχέσεων, των παλαιών εθνοτήτων

Sin embargo, en sus objetivos positivos, esta forma de socialismo aspira a lograr una de dos cosas

Στους θετικούς στόχους της, όμως, αυτή η μορφή σοσιαλισμού φιλοδοξεί να επιτύχει ένα από τα δύο πράγματα

o bien pretende restaurar los antiguos medios de producción y de intercambio

είτε στοχεύει στην αποκατάσταση των παλιών μέσων παραγωγής και ανταλλαγής

y con los viejos medios de producción restauraría las viejas relaciones de propiedad y la vieja sociedad

Και με τα παλιά μέσα παραγωγής θα αποκαθιστούσε τις παλιές σχέσεις ιδιοκτησίας και την παλιά κοινωνία

o pretende apretar los medios modernos de producción e intercambio en el viejo marco de las relaciones de propiedad

ή στοχεύει να περιορίσει τα σύγχρονα μέσα παραγωγής και ανταλλαγής στο παλιό πλαίσιο των σχέσεων ιδιοκτησίας

En cualquier caso, es a la vez reaccionario y utópico

Και στις δύο περιπτώσεις, είναι τόσο αντιδραστικό όσο και ουτοπικό

Sus últimas palabras son: gremios corporativos para la manufactura, relaciones patriarcales en la agricultura

Οι τελευταίες λέξεις του είναι: εταιρικές συντεχνίες για τη βιομηχανία, πατριαρχικές σχέσεις στη γεωργία

En última instancia, cuando los obstinados hechos históricos habían dispersado todos los efectos embriagadores del autoengaño

Τελικά, όταν τα επίμονα ιστορικά γεγονότα είχαν διασκορπίσει όλες τις μεθυστικές επιπτώσεις της αυταπάτης.

esta forma de socialismo terminó en un miserable ataque de lástima

Αυτή η μορφή σοσιαλισμού κατέληξε σε μια άθλια κρίση οίκτου

c) Socialismo alemán o "verdadero"
γ) Γερμανικός ή «αληθινός» σοσιαλισμός

La literatura socialista y comunista de Francia se originó bajo la presión de una burguesía en el poder
Η σοσιαλιστική και κομμουνιστική λογοτεχνία της Γαλλίας προήλθε κάτω από την πίεση μιας αστικής τάξης στην εξουσία
Y esta literatura era la expresión de la lucha contra este poder
Και αυτή η λογοτεχνία ήταν η έκφραση του αγώνα ενάντια σε αυτή την εξουσία
se introdujo en Alemania en un momento en que la burguesía acababa de comenzar su lucha contra el absolutismo feudal
εισήχθη στη Γερμανία σε μια εποχή που η αστική τάξη είχε μόλις αρχίσει τον ανταγωνισμό της με τη φεουδαρχική απολυταρχία
Los filósofos alemanes, los aspirantes a filósofos y los beaux esprits, se apoderaron con avidez de esta literatura
Γερμανοί φιλόσοφοι, επίδοξοι φιλόσοφοι και beaux esprits, άρπαξαν με ανυπομονησία αυτή τη λογοτεχνία
pero olvidaron que los escritos emigraron de Francia a Alemania sin traer consigo las condiciones sociales francesas
αλλά ξέχασαν ότι τα γραπτά μετανάστευσαν από τη Γαλλία στη Γερμανία χωρίς να φέρουν μαζί τους τις γαλλικές κοινωνικές συνθήκες
En contacto con las condiciones sociales alemanas, esta literatura francesa perdió toda su significación práctica inmediata
Σε επαφή με τις γερμανικές κοινωνικές συνθήκες, αυτή η γαλλική λογοτεχνία έχασε όλη την άμεση πρακτική της σημασία
y la literatura comunista de Francia asumió un aspecto puramente literario en los círculos académicos alemanes

και η κομμουνιστική λογοτεχνία της Γαλλίας πήρε μια καθαρά λογοτεχνική πτυχή στους γερμανικούς ακαδημαϊκούς κύκλους

Así, las exigencias de la primera Revolución Francesa no eran más que las exigencias de la "Razón Práctica"

Έτσι, τα αιτήματα της πρώτης Γαλλικής Επανάστασης δεν ήταν τίποτα περισσότερο από τα αιτήματα του «Πρακτικού Λόγου»

y la expresión de la voluntad de la burguesía revolucionaria francesa significaba a sus ojos la ley de la voluntad pura

Και η έκφραση της θέλησης της επαναστατικής γαλλικής μπουρζουαζίας σήμαινε στα μάτια τους το νόμο της καθαρής θέλησης

significaba la Voluntad tal como estaba destinada a ser; de la verdadera Voluntad humana en general

Σήμαινε τη Θέληση όπως ήταν επόμενο να είναι. της αληθινής ανθρώπινης Θέλησης γενικά

El mundo de los literatos alemanes consistía únicamente en armonizar las nuevas ideas francesas con su antigua conciencia filosófica

Ο κόσμος των Γερμανών λογοτεχνών συνίστατο αποκλειστικά στο να φέρει τις νέες γαλλικές ιδέες σε αρμονία με την αρχαία φιλοσοφική τους συνείδηση

o mejor dicho, se anexionaron las ideas francesas sin abandonar su propio punto de vista filosófico

ή μάλλον, προσάρτησαν τις γαλλικές ιδέες χωρίς να εγκαταλείψουν τη δική τους φιλοσοφική άποψη

Esta anexión se llevó a cabo de la misma manera en que se apropia una lengua extranjera, es decir, por traducción

Αυτή η προσάρτηση πραγματοποιήθηκε με τον ίδιο τρόπο με τον οποίο οικειοποιείται μια ξένη γλώσσα, δηλαδή με μετάφραση

Es bien sabido cómo los monjes escribieron vidas tontas de santos católicos sobre manuscritos

Είναι γνωστό πώς οι μοναχοί έγραψαν ανόητους βίους καθολικών αγίων πάνω από χειρόγραφα

los manuscritos sobre los que se habían escrito las obras clásicas del antiguo paganismo

Τα χειρόγραφα πάνω στα οποία είχαν γραφτεί τα κλασικά έργα του αρχαίου ειδωλολατρικού κόσμου

Los literatos alemanes invirtieron este proceso con la literatura profana francesa

Οι Γερμανοί λογοτέχνες αντέστρεψαν αυτή τη διαδικασία με τη βέβηλη γαλλική λογοτεχνία

Escribieron sus tonterías filosóficas bajo el original francés

Έγραψαν τις φιλοσοφικές ανοησίες τους κάτω από το γαλλικό πρωτότυπο

Por ejemplo, debajo de la crítica francesa a las funciones económicas del dinero, escribieron "Alienación de la humanidad"

Για παράδειγμα, κάτω από τη γαλλική κριτική για τις οικονομικές λειτουργίες του χρήματος, έγραψαν την «Αλλοτρίωση της Ανθρωπότητας»

debajo de la crítica francesa al Estado burgués escribieron "destronamiento de la categoría de general"

Κάτω από τη γαλλική κριτική στο αστικό κράτος έγραψαν «εκθρόνιση της κατηγορίας του στρατηγού»

La introducción de estas frases filosóficas en el reverso de las críticas históricas francesas las denominó:

Η εισαγωγή αυτών των φιλοσοφικών φράσεων στο πίσω μέρος των γαλλικών ιστορικών κριτικών που ονόμασαν:

"Filosofía de la acción", "Socialismo verdadero", "Ciencia alemana del socialismo", "Fundamentos filosóficos del socialismo", etc

«Φιλοσοφία της Δράσης», «Αληθινός Σοσιαλισμός», «Γερμανική Επιστήμη του Σοσιαλισμού», «Φιλοσοφικό Θεμέλιο του Σοσιαλισμού» και ούτω καθεξής

De este modo, la literatura socialista y comunista francesa quedó completamente castrada

Η γαλλική σοσιαλιστική και κομμουνιστική λογοτεχνία ήταν έτσι εντελώς ευνουχισμένη

en manos de los filósofos alemanes dejó de expresar la lucha de una clase con la otra

στα χέρια των Γερμανών φιλοσόφων έπαψε να εκφράζει την πάλη της μιας τάξης με την άλλη

y así los filósofos alemanes se sintieron conscientes de haber superado la "unilateralidad francesa"

και έτσι οι Γερμανοί φιλόσοφοι αισθάνθηκαν συνειδητά ότι είχαν ξεπεράσει τη «γαλλική μονομέρεια»

no tenía que representar requisitos verdaderos, sino que representaba requisitos de verdad

Δεν έπρεπε να αντιπροσωπεύει αληθινές απαιτήσεις, αλλά αντιπροσώπευε απαιτήσεις αλήθειας

no había interés en el proletariado, más bien, había interés en la Naturaleza Humana

δεν υπήρχε ενδιαφέρον για το προλεταριάτο, μάλλον, υπήρχε ενδιαφέρον για την ανθρώπινη φύση

el interés estaba en el Hombre en general, que no pertenece a ninguna clase y no tiene realidad

Το ενδιαφέρον ήταν για τον Άνθρωπο γενικά, ο οποίος δεν ανήκει σε καμία τάξη και δεν έχει καμία πραγματικότητα

Un hombre que sólo existe en el brumoso reino de la fantasía filosófica

Ένας άνθρωπος που υπάρχει μόνο στην ομιχλώδη σφαίρα της φιλοσοφικής φαντασίας

pero con el tiempo este colegial socialismo alemán también perdió su inocencia pedante

αλλά τελικά αυτός ο μαθητής, ο γερμανικός σοσιαλισμός, έχασε επίσης την σχολαστική αθωότητά του

la burguesía alemana, y especialmente la burguesía prusiana, lucharon contra la aristocracia feudal

Η γερμανική αστική τάξη, και ιδιαίτερα η πρωσική αστική τάξη, πολέμησαν ενάντια στη φεουδαρχική αριστοκρατία

la monarquía absoluta de Alemania y Prusia también estaba siendo combatida

η απόλυτη μοναρχία της Γερμανίας και της Πρωσίας ήταν επίσης εναντίον

Y a su vez, la literatura del movimiento liberal también se hizo más seria

Και με τη σειρά της, η λογοτεχνία του φιλελεύθερου κινήματος έγινε επίσης πιο σοβαρή

Se le ofreció a Alemania la tan deseada oportunidad del "verdadero" socialismo

Προσφέρθηκε η πολυπόθητη ευκαιρία της Γερμανίας για «αληθινό» σοσιαλισμό

la oportunidad de confrontar al movimiento político con las reivindicaciones socialistas

την ευκαιρία να αντιμετωπίσει το πολιτικό κίνημα με τα σοσιαλιστικά αιτήματα

la oportunidad de lanzar los anatemas tradicionales contra el liberalismo

την ευκαιρία να εκσφενδονιστούν τα παραδοσιακά αναθέματα κατά του φιλελευθερισμού

la oportunidad de atacar al gobierno representativo y a la competencia burguesa

την ευκαιρία να επιτεθούν στην αντιπροσωπευτική κυβέρνηση και τον αστικό ανταγωνισμό

Libertad de prensa burguesa, Legislación burguesa, Libertad e igualdad burguesa

Αστική ελευθερία του τύπου, αστική νομοθεσία, αστική ελευθερία και ισότητα

Todo esto ahora podría ser criticado en el mundo real, en lugar de en la fantasía

Όλα αυτά θα μπορούσαν τώρα να επικριθούν στον πραγματικό κόσμο, παρά στη φαντασία

La aristocracia feudal y la monarquía absoluta habían predicado durante mucho tiempo a las masas

Η φεουδαρχική αριστοκρατία και η απόλυτη μοναρχία είχαν από καιρό κηρύξει στις μάζες

"El obrero no tiene nada que perder y tiene todo que ganar"

«Ο εργαζόμενος δεν έχει τίποτα να χάσει και έχει τα πάντα να κερδίσει»

el movimiento burgués también ofrecía la oportunidad de hacer frente a estos tópicos

Το κίνημα της αστικής τάξης πρόσφερε επίσης την ευκαιρία να αντιμετωπίσει αυτές τις κοινοτοπίες

la crítica francesa presuponía la existencia de la sociedad burguesa moderna

Η γαλλική κριτική προϋπέθετε την ύπαρξη της σύγχρονης αστικής κοινωνίας

Las condiciones económicas de existencia de la burguesía y la constitución política de la burguesía

Αστικές οικονομικές συνθήκες ύπαρξης και πολιτική συγκρότηση της αστικής τάξης

las mismas cosas cuya consecución era el objeto de la lucha pendiente en Alemania

τα ίδια τα πράγματα των οποίων η επίτευξη ήταν το αντικείμενο του εκκρεμούς αγώνα στη Γερμανία

El estúpido eco del socialismo alemán abandonó estos objetivos justo a tiempo

Η ανόητη ηχώ του σοσιαλισμού της Γερμανίας εγκατέλειψε αυτούς τους στόχους ακριβώς στην αρχή του χρόνου

Los gobiernos absolutos tenían sus seguidores de párrocos, profesores, escuderos y funcionarios

Οι απόλυτες κυβερνήσεις είχαν τους οπαδούς τους από εφημέριους, καθηγητές, σκίουρους της χώρας και αξιωματούχους

el gobierno de la época se enfrentó a los levantamientos de la clase obrera alemana con azotes y balas

Η τότε κυβέρνηση αντιμετώπισε τις εξεγέρσεις της γερμανικής εργατικής τάξης με μαστιγώματα και σφαίρες

para ellos este socialismo servía de espantapájaros contra la burguesía amenazadora

Γι' αυτούς αυτός ο σοσιαλισμός χρησίμευε σαν ένα ευπρόσδεκτο σκιάχτρο ενάντια στην απειλητική αστική τάξη

y el gobierno alemán pudo ofrecer un postre dulce después de las píldoras amargas que repartió

και η γερμανική κυβέρνηση ήταν σε θέση να προσφέρει ένα γλυκό επιδόρπιο μετά τα πικρά χάπια που μοίρασε

este "verdadero" socialismo servía así a los gobiernos como arma para combatir a la burguesía alemana

Αυτός ο «αληθινός» σοσιαλισμός χρησίμευσε έτσι στις κυβερνήσεις ως όπλο για την καταπολέμηση της γερμανικής αστικής τάξης

y, al mismo tiempo, representaba directamente un interés reaccionario; la de los filisteos alemanes

και, ταυτόχρονα, αντιπροσώπευε άμεσα ένα αντιδραστικό συμφέρον. εκείνη των Γερμανών Φιλισταίων

En Alemania, la pequeña burguesía es la verdadera base social del actual estado de cosas

Στη Γερμανία η μικροαστική τάξη είναι η πραγματική κοινωνική βάση της υπάρχουσας κατάστασης πραγμάτων

Una reliquia del siglo XVI que ha ido surgiendo constantemente bajo diversas formas

Ένα λείψανο του δέκατου έκτου αιώνα που συνεχώς εμφανίζεται με διάφορες μορφές

Preservar esta clase es preservar el estado de cosas existente en Alemania

Η διατήρηση αυτής της τάξης σημαίνει διατήρηση της υπάρχουσας κατάστασης πραγμάτων στη Γερμανία

La supremacía industrial y política de la burguesía amenaza a la pequeña burguesía con una destrucción segura

Η βιομηχανική και πολιτική υπεροχή της αστικής τάξης απειλεί τη μικροαστική τάξη με βέβαιη καταστροφή

por un lado, amenaza con destruir a la pequeña burguesía a través de la concentración del capital

από τη μια πλευρά, απειλεί να καταστρέψει τη μικροαστική τάξη μέσω της συγκέντρωσης κεφαλαίου

por otra parte, la burguesía amenaza con destruirla mediante el ascenso de un proletariado revolucionario

Από την άλλη πλευρά, η αστική τάξη απειλεί να την καταστρέψει μέσω της ανόδου ενός επαναστατικού προλεταριάτου

El "verdadero" socialismo parecía matar estos dos pájaros de un tiro. Se extendió como una epidemia

Ο «αληθινός» σοσιαλισμός φάνηκε να σκοτώνει αυτά τα δύο πουλιά με ένα σμπάρο. Εξαπλώθηκε σαν επιδημία

El manto de telarañas especulativas, bordado con flores de retórica, empapado en el rocío de un sentimiento enfermizo

Ο χιτώνας των κερδοσκοπικών ιστών αράχνης, κεντημένος με λουλούδια ρητορικής, βουτηγμένος στη δροσιά του ασθενικού συναισθήματος

esta túnica trascendental en la que los socialistas alemanes envolvían sus tristes "verdades eternas"

Αυτός ο υπερβατικός χιτώνας με τον οποίο οι Γερμανοί σοσιαλιστές τύλιξαν τις θλιβερές «αιώνιες αλήθειες» τους

toda la piel y los huesos, sirvieron para aumentar maravillosamente la venta de sus productos entre un público tan

όλο το δέρμα και τα οστά, χρησίμευαν για να αυξήσουν θαυμάσια την πώληση των αγαθών τους μεταξύ ενός τέτοιου κοινού

Y por su parte, el socialismo alemán reconocía, cada vez más, su propia vocación

Και από την πλευρά του, ο γερμανικός σοσιαλισμός αναγνώριζε, όλο και περισσότερο, το δικό του κάλεσμα

estaba llamado a ser el grandilocuente representante de la pequeña burguesía filistea

κλήθηκε να είναι ο πομπώδης εκπρόσωπος των μικροαστών φιλισταίων

Proclamaba que la nación alemana era la nación modelo, y que el pequeño filisteo alemán era el hombre modelo

Ανακήρυξε το γερμανικό έθνος πρότυπο έθνος και τον γερμανό μικροφιλισταίο πρότυπο ανθρώπου

A cada maldad malvada de este hombre modelo le daba una interpretación socialista oculta y superior

Σε κάθε μοχθηρή κακία αυτού του υποδειγματικού ανθρώπου έδινε μια κρυφή, υψηλότερη, σοσιαλιστική ερμηνεία

esta interpretación socialista superior era exactamente lo contrario de su carácter real

Αυτή η ανώτερη, σοσιαλιστική ερμηνεία ήταν ακριβώς αντίθετη από τον πραγματικό της χαρακτήρα

Llegó al extremo de oponerse directamente a la tendencia "brutalmente destructiva" del comunismo

Έφτασε στο ακραίο σημείο της άμεσης αντίθεσης στην «βάναυσα καταστροφική» τάση του κομμουνισμού

y proclamó su supremo e imparcial desprecio de todas las luchas de clases

Και διακήρυξε την υπέρτατη και αμερόληπτη περιφρόνησή του για όλους τους ταξικούς αγώνες

Con muy pocas excepciones, todas las publicaciones llamadas socialistas y comunistas que ahora (1847) circulan en Alemania pertenecen al dominio de esta literatura sucia y enervante

Με ελάχιστες εξαιρέσεις, όλες οι λεγόμενες σοσιαλιστικές και κομμουνιστικές εκδόσεις που κυκλοφορούν τώρα (1847) στη Γερμανία ανήκουν στη σφαίρα αυτής της βρώμικης και εξασθενητικής λογοτεχνίας

2) Socialismo conservador o socialismo burgués
2) Συντηρητικός σοσιαλισμός ή αστικός σοσιαλισμός

Una parte de la burguesía está deseosa de reparar los agravios sociales

Ένα μέρος της αστικής τάξης επιθυμεί την αποκατάσταση των κοινωνικών αδικιών

con el fin de asegurar la continuidad de la sociedad burguesa

προκειμένου να εξασφαλιστεί η συνέχιση της ύπαρξης της αστικής κοινωνίας

A esta sección pertenecen economistas, filántropos, humanistas

Σε αυτό το τμήμα ανήκουν οικονομολόγοι, φιλάνθρωποι, ανθρωπιστές

mejoradores de la condición de la clase obrera y organizadores de la caridad

Βελτιωτές της κατάστασης της εργατικής τάξης και οργανωτές φιλανθρωπίας

Miembros de las Sociedades para la Prevención de la Crueldad contra los Animales

Μέλη Σωματείων κατά της Κακοποίησης των Ζώων

fanáticos de la templanza, reformadores de todo tipo imaginable

Φανατικοί της εγκράτειας, αναμορφωτές κάθε είδους που μπορεί να φανταστεί κανείς

Esta forma de socialismo, además, ha sido elaborada en sistemas completos

Αυτή η μορφή σοσιαλισμού έχει, επιπλέον, επεξεργαστεί σε ολοκληρωμένα συστήματα

Podemos citar la "Philosophie de la Misère" de Proudhon como ejemplo de esta forma

Μπορούμε να αναφέρουμε τη «Φιλοσοφία της Μιζέρ» του Προυντόν ως παράδειγμα αυτής της μορφής

La burguesía socialista quiere todas las ventajas de las condiciones sociales modernas

Η σοσιαλιστική αστική τάξη θέλει όλα τα πλεονεκτήματα των σύγχρονων κοινωνικών συνθηκών

pero la burguesía socialista no quiere necesariamente las luchas y los peligros resultantes

Αλλά η σοσιαλιστική αστική τάξη δεν θέλει απαραίτητα τους αγώνες και τους κινδύνους που προκύπτουν

Desean el estado actual de la sociedad, menos sus elementos revolucionarios y desintegradores

Επιθυμούν την υπάρχουσα κατάσταση της κοινωνίας, μείον τα επαναστατικά και αποσυντιθέμενα στοιχεία της

en otras palabras, desean una burguesía sin proletariado

Με άλλα λόγια, επιθυμούν μια αστική τάξη χωρίς προλεταριάτο

La burguesía concibe naturalmente el mundo en el que es supremo ser el mejor

Η αστική τάξη φυσικά αντιλαμβάνεται τον κόσμο στον οποίο είναι υπέρτατο να είσαι ο καλύτερος

y el socialismo burgués desarrolla esta cómoda concepción en varios sistemas más o menos completos

Και ο αστικός σοσιαλισμός αναπτύσσει αυτή την άνετη αντίληψη σε διάφορα περισσότερο ή λιγότερο ολοκληρωμένα συστήματα

les gustaría mucho que el proletariado marchara directamente hacia la Nueva Jerusalén social

Θα ήθελαν πάρα πολύ το προλεταριάτο να βαδίσει κατευθείαν στην κοινωνική Νέα Ιερουσαλήμ

pero en realidad requiere que el proletariado permanezca dentro de los límites de la sociedad existente

Αλλά στην πραγματικότητα απαιτεί από το προλεταριάτο να παραμείνει μέσα στα όρια της υπάρχουσας κοινωνίας

piden al proletariado que abandone todas sus ideas odiosas sobre la burguesía

Ζητούν από το προλεταριάτο να πετάξει μακριά όλες τις μισητές ιδέες του σχετικά με την αστική τάξη

hay una segunda forma más práctica, pero menos sistemática, de este socialismo

υπάρχει μια δεύτερη πιο πρακτική, αλλά λιγότερο
συστηματική, μορφή αυτού του σοσιαλισμού
**Esta forma de socialismo buscaba despreciar todo
movimiento revolucionario a los ojos de la clase obrera**
Αυτή η μορφή σοσιαλισμού επεδίωκε να απαξιώσει κάθε
επαναστατικό κίνημα στα μάτια της εργατικής τάξης
**Argumentan que ninguna mera reforma política podría ser
ventajosa para ellos**
Υποστηρίζουν ότι καμία απλή πολιτική μεταρρύθμιση δεν
θα μπορούσε να τους ωφελήσει
**Sólo un cambio en las condiciones materiales de existencia
en las relaciones económicas es beneficioso**
Μόνο μια αλλαγή στις υλικές συνθήκες ύπαρξης στις
οικονομικές σχέσεις είναι επωφελής
**Al igual que el comunismo, esta forma de socialismo aboga
por un cambio en las condiciones materiales de existencia**
Όπως και ο κομμουνισμός, αυτή η μορφή σοσιαλισμού
υποστηρίζει μια αλλαγή στις υλικές συνθήκες ύπαρξης
**sin embargo, esta forma de socialismo no sugiere en modo
alguno la abolición de las relaciones de producción
burguesas**
Ωστόσο, αυτή η μορφή σοσιαλισμού με κανένα τρόπο δεν
υποδηλώνει την κατάργηση των αστικών σχέσεων
παραγωγής
**la abolición de las relaciones de producción burguesas sólo
puede lograrse mediante una revolución**
Η κατάργηση των αστικών σχέσεων παραγωγής μπορεί να
επιτευχθεί μόνο μέσω μιας επανάστασης
**Pero en lugar de una revolución, esta forma de socialismo
sugiere reformas administrativas**
Αλλά αντί για επανάσταση, αυτή η μορφή σοσιαλισμού
προτείνει διοικητικές μεταρρυθμίσεις
**y estas reformas administrativas se basarían en la
continuidad de estas relaciones**
Και αυτές οι διοικητικές μεταρρυθμίσεις θα βασίζονταν στη
συνέχιση αυτών των σχέσεων

reformas, por lo tanto, que no afectan en ningún aspecto a las relaciones entre el capital y el trabajo

μεταρρυθμίσεις, επομένως, που δεν επηρεάζουν σε καμία περίπτωση τις σχέσεις μεταξύ κεφαλαίου και εργασίας

en el mejor de los casos, tales reformas disminuyen el costo y simplifican el trabajo administrativo del gobierno burgués

Στην καλύτερη περίπτωση, τέτοιες μεταρρυθμίσεις μειώνουν το κόστος και απλοποιούν το διοικητικό έργο της αστικής κυβέρνησης

El socialismo burgués alcanza una expresión adecuada cuando, y sólo cuando, se convierte en una mera figura retórica

Ο αστικός σοσιαλισμός αποκτά επαρκή έκφραση, όταν, και μόνο όταν, γίνεται ένα απλό σχήμα λόγου

Libre comercio: en beneficio de la clase obrera

Ελεύθερο εμπόριο: προς όφελος της εργατικής τάξης

Deberes protectores: en beneficio de la clase obrera

Προστατευτικά καθήκοντα: προς όφελος της εργατικής τάξης

Reforma Penitenciaria: en beneficio de la clase trabajadora

Σωφρονιστική μεταρρύθμιση: προς όφελος της εργατικής τάξης

Esta es la última palabra y la única palabra seria del socialismo burgués

Αυτή είναι η τελευταία λέξη και η μόνη σοβαρά εννοούμενη λέξη του αστικού σοσιαλισμού

Se resume en la frase: la burguesía es una burguesía en beneficio de la clase obrera

Συνοψίζεται στη φράση: η αστική τάξη είναι αστική τάξη προς όφελος της εργατικής τάξης

3) Socialismo crítico-utópico y comunismo
3) Κριτικός-ουτοπικός σοσιαλισμός και κομμουνισμός

No nos referimos aquí a esa literatura que siempre ha dado voz a las reivindicaciones del proletariado

Δεν αναφερόμαστε εδώ σε εκείνη τη φιλολογία που πάντα εξέφραζε τα αιτήματα του προλεταριάτου

esto ha estado presente en todas las grandes revoluciones modernas, como los escritos de Babeuf y otros

Αυτό ήταν παρόν σε κάθε μεγάλη σύγχρονη επανάσταση, όπως τα γραπτά του Μπαμπέφ και άλλων

Las primeras tentativas directas del proletariado para alcanzar sus propios fines fracasaron necesariamente

Οι πρώτες άμεσες προσπάθειες του προλεταριάτου να επιτύχει τους δικούς του σκοπούς αναγκαστικά απέτυχαν

Estos intentos se hicieron en tiempos de excitación universal, cuando la sociedad feudal estaba siendo derrocada

Αυτές οι προσπάθειες έγιναν σε περιόδους παγκόσμιου ενθουσιασμού, όταν ανατρεπόταν η φεουδαρχική κοινωνία

El entonces subdesarrollado del proletariado llevó a que fracasaran esos intentos

Η τότε υπανάπτυκτη κατάσταση του προλεταριάτου οδήγησε σε αυτές τις προσπάθειες να αποτύχουν

y fracasaron por la ausencia de las condiciones económicas para su emancipación

και απέτυχαν λόγω της απουσίας των οικονομικών συνθηκών για τη χειραφέτησή του

condiciones que aún no se habían producido, y que sólo podían ser producidas por la inminente época de la burguesía

συνθήκες που δεν είχαν ακόμη παραχθεί και θα μπορούσαν να παραχθούν μόνο από την επικείμενη εποχή της αστικής τάξης

La literatura revolucionaria que acompañó a estos primeros movimientos del proletariado tuvo necesariamente un carácter reaccionario

Η επαναστατική φιλολογία που συνόδευε αυτά τα πρώτα κινήματα του προλεταριάτου είχε αναγκαστικά αντιδραστικό χαρακτήρα

Esta literatura inculcó el ascetismo universal y la nivelación social en su forma más cruda

Αυτή η λογοτεχνία ενστάλαξε τον καθολικό ασκητισμό και την κοινωνική ισοπέδωση στην πιο ωμή μορφή της

Los sistemas socialista y comunista, propiamente dichos, surgen en el período temprano no desarrollado

Τα σοσιαλιστικά και κομμουνιστικά συστήματα, όπως σωστά ονομάζονται, εμφανίζονται στην πρώιμη υπανάπτυκτη περίοδο

Saint-Simon, Fourier, Owen y otros, describieron la lucha entre el proletariado y la burguesía (ver sección 1)

Ο Saint-Simon, ο Fourier, ο Owen και άλλοι, περιέγραψαν την πάλη μεταξύ προλεταριάτου και αστικής τάξης (βλ. Τμήμα 1)

Los fundadores de estos sistemas ven, en efecto, los antagonismos de clase

Οι ιδρυτές αυτών των συστημάτων βλέπουν, πράγματι, τους ταξικούς ανταγωνισμούς

también ven la acción de los elementos en descomposición, en la forma predominante de la sociedad

Βλέπουν επίσης τη δράση των αποσυντιθέμενων στοιχείων, στην επικρατούσα μορφή της κοινωνίας

Pero el proletariado, todavía en su infancia, les ofrece el espectáculo de una clase sin ninguna iniciativa histórica

Αλλά το προλεταριάτο, ακόμα στα σπάργανα, τους προσφέρει το θέαμα μιας τάξης χωρίς καμία ιστορική πρωτοβουλία

Ven el espectáculo de una clase social sin ningún movimiento político independiente

Βλέπουν το θέαμα μιας κοινωνικής τάξης χωρίς κανένα ανεξάρτητο πολιτικό κίνημα

El desarrollo del antagonismo de clase sigue el mismo ritmo que el desarrollo de la industria

Η ανάπτυξη του ταξικού ανταγωνισμού συμβαδίζει με την ανάπτυξη της βιομηχανίας

De modo que la situación económica no les ofrece todavía las condiciones materiales para la emancipación del proletariado

Έτσι, η οικονομική κατάσταση δεν τους προσφέρει ακόμα τις υλικές συνθήκες για τη χειραφέτηση του προλεταριάτου

Por lo tanto, buscan una nueva ciencia social, nuevas leyes sociales, que creen estas condiciones

Αναζητούν, λοιπόν, μια νέα κοινωνική επιστήμη, νέους κοινωνικούς νόμους, που θα δημιουργήσουν αυτές τις συνθήκες

acción histórica es ceder a su acción inventiva personal

Ιστορική δράση είναι να υποκύπτουν στην προσωπική τους εφευρετική δράση

Las condiciones de emancipación creadas históricamente han de ceder ante condiciones fantásticas

Οι ιστορικά δημιουργημένες συνθήκες χειραφέτησης πρέπει να υποκύπτουν σε φανταστικές συνθήκες

y la organización gradual y espontánea de clase del proletariado debe ceder ante la organización de la sociedad

Και η βαθμιαία, αυθόρμητη ταξική οργάνωση του προλεταριάτου πρέπει να υποκύψει στην οργάνωση της κοινωνίας

la organización de la sociedad especialmente ideada por estos inventores

Η οργάνωση της κοινωνίας ειδικά κατασκευασμένη από αυτούς τους εφευρέτες

La historia futura se resuelve, a sus ojos, en la propaganda y en la realización práctica de sus planes sociales

Η μελλοντική ιστορία επιλύεται, στα μάτια τους, στην προπαγάνδα και την πρακτική εκτέλεση των κοινωνικών τους σχεδίων

En la formación de sus planes son conscientes de preocuparse principalmente por los intereses de la clase obrera

Στη διαμόρφωση των σχεδίων τους έχουν συνείδηση ότι ενδιαφέρονται κυρίως για τα συμφέροντα της εργατικής τάξης

Sólo desde el punto de vista de ser la clase más sufriente existe el proletariado para ellos

Μόνο από την άποψη ότι είναι η τάξη που υποφέρει περισσότερο, υπάρχει γι' αυτούς το προλεταριάτο

El estado subdesarrollado de la lucha de clases y su propio entorno informan sus opiniones

Η υπανάπτυκτη κατάσταση της ταξικής πάλης και το περιβάλλον τους διαμορφώνουν τις απόψεις τους

Los socialistas de este tipo se consideran muy superiores a todos los antagonismos de clase

Οι σοσιαλιστές αυτού του είδους θεωρούν τους εαυτούς τους πολύ ανώτερους από όλους τους ταξικούς ανταγωνισμούς

Quieren mejorar la condición de todos los miembros de la sociedad, incluso la de los más favorecidos

Θέλουν να βελτιώσουν την κατάσταση κάθε μέλους της κοινωνίας, ακόμη και του πιο ευνοημένου

De ahí que habitualmente atraigan a la sociedad en general, sin distinción de clase

Ως εκ τούτου, συνήθως απευθύνονται στην κοινωνία στο σύνολό της, χωρίς διάκριση τάξης

Es más, apelan a la sociedad en general con preferencia a la clase dominante

Όχι, απευθύνονται στην κοινωνία στο σύνολό της κατά προτίμηση στην άρχουσα τάξη

Para ellos, todo lo que se requiere es que los demás entiendan su sistema

Για αυτούς, το μόνο που χρειάζεται είναι οι άλλοι να κατανοήσουν το σύστημά τους

Porque, ¿cómo puede la gente no ver que el mejor plan posible es para el mejor estado posible de la sociedad?

Γιατί πώς μπορούν οι άνθρωποι να μην βλέπουν ότι το καλύτερο δυνατό σχέδιο είναι για την καλύτερη δυνατή κατάσταση της κοινωνίας;

Por lo tanto, rechazan toda acción política, y especialmente toda acción revolucionaria

Ως εκ τούτου, απορρίπτουν κάθε πολιτική, και ιδιαίτερα κάθε επαναστατική, δράση

desean alcanzar sus fines por medios pacíficos

επιθυμούν να επιτύχουν τους σκοπούς τους με ειρηνικά μέσα·

se esfuerzan, mediante pequeños experimentos, que están necesariamente condenados al fracaso

Προσπαθούν, με μικρά πειράματα, τα οποία είναι αναγκαστικά καταδικασμένα σε αποτυχία

y con la fuerza del ejemplo tratan de abrir el camino al nuevo Evangelio social

και με τη δύναμη του παραδείγματος προσπαθούν να ανοίξουν το δρόμο για το νέο κοινωνικό Ευαγγέλιο

Cuadros tan fantásticos de la sociedad futura, pintados en un momento en que el proletariado se encuentra todavía en un estado muy subdesarrollado

Τέτοιες φανταστικές εικόνες της μελλοντικής κοινωνίας, ζωγραφισμένες σε μια εποχή που το προλεταριάτο είναι ακόμα σε μια πολύ υπανάπτυκτη κατάσταση

y todavía no tiene más que una concepción fantástica de su propia posición

Και εξακολουθεί να έχει μόνο μια φανταστική αντίληψη της δικής της θέσης

pero sus primeros anhelos instintivos corresponden a los anhelos del proletariado

Αλλά οι πρώτοι ενστικτώδεις πόθοι τους αντιστοιχούν στους πόθους του προλεταριάτου

Ambos anhelan una reconstrucción general de la sociedad

Και οι δύο λαχταρούν μια γενική ανασυγκρότηση της κοινωνίας

Pero estas publicaciones socialistas y comunistas también contienen un elemento crítico

Αλλά αυτές οι σοσιαλιστικές και κομμουνιστικές εκδόσεις περιέχουν επίσης ένα κρίσιμο στοιχείο

Atacan todos los principios de la sociedad existente

Επιτίθενται σε κάθε αρχή της υπάρχουσας κοινωνίας

De ahí que estén llenos de los materiales más valiosos para la ilustración de la clase obrera

Ως εκ τούτου, είναι γεμάτα από τα πιο πολύτιμα υλικά για τη διαφώτιση της εργατικής τάξης

Proponen la abolición de la distinción entre la ciudad y el campo, y la familia

Προτείνουν την κατάργηση της διάκρισης μεταξύ πόλης και υπαίθρου και οικογένειας

la supresión de la explotación de industrias por cuenta de los particulares

την κατάργηση της βιομηχανικής δραστηριότητας για λογαριασμό ιδιωτών·

y la abolición del sistema salarial y la proclamación de la armonía social

και την κατάργηση του συστήματος της μισθωτής εργασίας και τη διακήρυξη της κοινωνικής αρμονίας

la conversión de las funciones del Estado en una mera superintendencia de la producción

τη μετατροπή των λειτουργιών του κράτους σε απλή εποπτεία της παραγωγής·

Todas estas propuestas, apuntan únicamente a la desaparición de los antagonismos de clase

Όλες αυτές οι προτάσεις, δείχνουν μόνο την εξαφάνιση των ταξικών ανταγωνισμών

Los antagonismos de clase estaban, en ese momento, apenas surgiendo

Οι ταξικοί ανταγωνισμοί, εκείνη την εποχή, μόλις εμφανίζονταν

En estas publicaciones estos antagonismos de clase se reconocen sólo en sus formas más tempranas, indistintas e indefinidas

Σε αυτές τις εκδόσεις αυτοί οι ταξικοί ανταγωνισμοί αναγνωρίζονται μόνο στις πρώτες, ασαφείς και απροσδιόριστες μορφές τους

Estas propuestas, por lo tanto, son de carácter puramente utópico

Οι προτάσεις αυτές, επομένως, έχουν καθαρά ουτοπικό χαρακτήρα

La importancia del socialismo crítico-utópico y del comunismo guarda una relación inversa con el desarrollo histórico

Η σημασία του Κριτικού-Ουτοπικού Σοσιαλισμού και Κομμουνισμού έχει αντίστροφη σχέση με την ιστορική εξέλιξη

La lucha de clases moderna se desarrollará y continuará tomando forma definitiva

Η σύγχρονη ταξική πάλη θα αναπτυχθεί και θα συνεχίσει να παίρνει οριστική μορφή

Esta fantástica posición del concurso perderá todo valor práctico

Αυτή η φανταστική στάση από το διαγωνισμό θα χάσει κάθε πρακτική αξία

Estos fantásticos ataques a los antagonismos de clase perderán toda justificación teórica

Αυτές οι φανταστικές επιθέσεις στους ταξικούς ανταγωνισμούς θα χάσουν κάθε θεωρητική αιτιολόγηση

Los creadores de estos sistemas fueron, en muchos aspectos, revolucionarios

Οι δημιουργοί αυτών των συστημάτων ήταν, από πολλές απόψεις, επαναστάτες

pero sus discípulos han formado, en todos los casos, meras sectas reaccionarias

Αλλά οι μαθητές τους, σε κάθε περίπτωση, έχουν
σχηματίσει απλές αντιδραστικές αιρέσεις

Se aferran firmemente a los puntos de vista originales de sus amos

Κρατούν σφιχτά τις αρχικές απόψεις των κυρίων τους

Pero estos puntos de vista se oponen al desarrollo histórico progresivo del proletariado

Αλλά αυτές οι απόψεις βρίσκονται σε αντίθεση με την
προοδευτική ιστορική ανάπτυξη του προλεταριάτου

Por lo tanto, se esfuerzan, y eso de manera consecuente, por amortiguar la lucha de clases

Προσπαθούν, λοιπόν, και αυτό με συνέπεια, να νεκρώσουν
την ταξική πάλη

y se esfuerzan constantemente por reconciliar los antagonismos de clase

Και προσπαθούν με συνέπεια να συμβιβάσουν τους
ταξικούς ανταγωνισμούς

Todavía sueñan con la realización experimental de sus utopías sociales

Εξακολουθούν να ονειρεύονται την πειραματική
υλοποίηση των κοινωνικών τους Ουτοπιών

todavía sueñan con fundar "falansterios" aislados y establecer "colonias domésticas"

εξακολουθούν να ονειρεύονται την ίδρυση απομονωμένων
"φαλανστηρίων" και την ίδρυση "αποικιών στο σπίτι"

sueñan con establecer una "Pequeña Icaria": ediciones duodécimas de la Nueva Jerusalén

ονειρεύονται να δημιουργήσουν μια «Μικρή Ικαρία» –
εκδόσεις duodecimo της Νέας Ιερουσαλήμ

y sueñan con realizar todos estos castillos en el aire

Και ονειρεύονται να πραγματοποιήσουν όλα αυτά τα
κάστρα στον αέρα

se ven obligados a apelar a los sentimientos y a las carteras de los burgueses

Είναι αναγκασμένοι να απευθύνονται στα αισθήματα και
τα πορτοφόλια των αστών

Poco a poco se hunden en la categoría de los socialistas conservadores reaccionarios descritos anteriormente

Βαθμιαία βυθίζονται στην κατηγορία των αντιδραστικών συντηρητικών σοσιαλιστών που απεικονίζονται παραπάνω

sólo se diferencian de ellos por una pedantería más sistemática

Διαφέρουν από αυτά μόνο με πιο συστηματική σχολαστικότητα.

y se diferencian por su creencia fanática y supersticiosa en los efectos milagrosos de su ciencia social

Και διαφέρουν από τη φανατική και δεισιδαιμονική πίστη τους στα θαυμαστά αποτελέσματα της κοινωνικής τους επιστήμης

Por lo tanto, se oponen violentamente a toda acción política por parte de la clase obrera

Ως εκ τούτου, αντιτίθενται βίαια σε κάθε πολιτική δράση εκ μέρους της εργατικής τάξης

tal acción, según ellos, sólo puede ser el resultado de una ciega incredulidad en el nuevo Evangelio

Μια τέτοια ενέργεια, σύμφωνα με αυτούς, μπορεί να προκύψει μόνο από τυφλή απιστία στο νέο Ευαγγέλιο

Los owenistas en Inglaterra y los fourieristas en Francia, respectivamente, se oponen a los cartistas y a los reformistas

Οι Owenites στην Αγγλία και οι Fourierists στη Γαλλία, αντίστοιχα, αντιτίθενται στους Χαρτιστές και τους "Réformistes"

Posición de los comunistas en relación con los diversos partidos de oposición existentes

Η θέση των κομμουνιστών σε σχέση με τα διάφορα υπάρχοντα κόμματα της αντιπολίτευσης

La sección II ha dejado claras las relaciones de los comunistas con los partidos obreros existentes

Το τμήμα ΙΙ έχει καταστήσει σαφείς τις σχέσεις των κομμουνιστών με τα υπάρχοντα κόμματα της εργατικής τάξης

como los cartistas en Inglaterra y los reformadores agrarios en América

όπως οι Χαρτιστές στην Αγγλία και οι Αγροτικοί Μεταρρυθμιστές στην Αμερική

Los comunistas luchan por el logro de los objetivos inmediatos

Οι κομμουνιστές παλεύουν για την επίτευξη των άμεσων στόχων

Luchan por la imposición de los intereses momentáneos de la clase obrera

Αγωνίζονται για την επιβολή των στιγμιαίων συμφερόντων της εργατικής τάξης

Pero en el movimiento político del presente, también representan y cuidan el futuro de ese movimiento

Αλλά στο πολιτικό κίνημα του παρόντος, αντιπροσωπεύουν επίσης και φροντίζουν το μέλλον αυτού του κινήματος

En Francia, los comunistas se alían con los socialdemócratas

Στη Γαλλία οι κομμουνιστές συμμαχούν με τους σοσιαλδημοκράτες

y se posicionan contra la burguesía conservadora y radical

και τοποθετούνται ενάντια στη συντηρητική και ριζοσπαστική αστική τάξη

sin embargo, se reservan el derecho de tomar una posición crítica respecto de las frases e ilusiones tradicionalmente transmitidas desde la gran Revolución

Ωστόσο, διατηρούν το δικαίωμα να πάρουν μια κριτική
θέση σχετικά με φράσεις και αυταπάτες που παραδοσιακά
παραδόθηκαν από τη μεγάλη Επανάσταση

**En Suiza apoyan a los radicales, sin perder de vista que este
partido está formado por elementos antagónicos**

Στην Ελβετία υποστηρίζουν τους ριζοσπάστες, χωρίς να
παραβλέπουν το γεγονός ότι αυτό το κόμμα αποτελείται
από ανταγωνιστικά στοιχεία

**en parte de los socialistas democráticos, en el sentido
francés, en parte de la burguesía radical**

εν μέρει των δημοκρατών σοσιαλιστών, με τη γαλλική
έννοια, εν μέρει της ριζοσπαστικής αστικής τάξης

**En Polonia apoyan al partido que insiste en la revolución
agraria como condición primordial para la emancipación
nacional**

Στην Πολωνία υποστηρίζουν το κόμμα που επιμένει σε μια
αγροτική επανάσταση ως πρωταρχική προϋπόθεση για την
εθνική χειραφέτηση

el partido que fomentó la insurrección de Cracovia en 1846

το κόμμα που υποκίνησε την εξέγερση της Κρακοβίας το
1846

**En Alemania luchan con la burguesía cada vez que ésta actúa
de manera revolucionaria**

Στη Γερμανία παλεύουν με την αστική τάξη όποτε αυτή
δρα με επαναστατικό τρόπο

**contra la monarquía absoluta, la nobleza feudal y la pequeña
burguesía**

ενάντια στην απόλυτη μοναρχία, τη φεουδαρχική σκίουρο
και τη μικροαστική τάξη

**Pero no cesan, ni por un solo instante, de inculcar en la clase
obrera una idea particular**

Αλλά ποτέ δεν σταματούν, ούτε για μια στιγμή, να
ενσταλάξουν στην εργατική τάξη μια συγκεκριμένη ιδέα

**el reconocimiento más claro posible del antagonismo hostil
entre la burguesía y el proletariado**

την σαφέστερη δυνατή αναγνώριση του εχθρικού ανταγωνισμού ανάμεσα στην αστική τάξη και το προλεταριάτο

para que los obreros alemanes puedan utilizar inmediatamente las armas de que disponen

έτσι ώστε οι γερμανοί εργάτες να μπορούν να χρησιμοποιήσουν αμέσως τα όπλα που έχουν στη διάθεσή τους

las condiciones sociales y políticas que la burguesía debe introducir necesariamente junto con su supremacía

τις κοινωνικές και πολιτικές συνθήκες που πρέπει αναγκαστικά να εισαγάγει η αστική τάξη μαζί με την υπεροχή της

la caída de las clases reaccionarias en Alemania es inevitable

Η πτώση των αντιδραστικών τάξεων στη Γερμανία είναι αναπόφευκτη

y entonces la lucha contra la burguesía misma puede comenzar inmediatamente

Και τότε μπορεί να αρχίσει αμέσως ο αγώνας ενάντια στην ίδια την αστική τάξη

Los comunistas dirigen su atención principalmente a Alemania, porque este país está en vísperas de una revolución burguesa

Οι κομμουνιστές στρέφουν την προσοχή τους κυρίως στη Γερμανία, γιατί αυτή η χώρα βρίσκεται στις παραμονές μιας αστικής επανάστασης

una revolución que está destinada a llevarse a cabo en las condiciones más avanzadas de la civilización europea

μια επανάσταση που είναι βέβαιο ότι θα πραγματοποιηθεί κάτω από πιο προηγμένες συνθήκες του ευρωπαϊκού πολιτισμού

y está destinado a llevarse a cabo con un proletariado mucho más desarrollado

Και είναι βέβαιο ότι θα πραγματοποιηθεί με ένα πολύ πιο αναπτυγμένο προλεταριάτο

un proletariado más avanzado que el de Inglaterra en el XVII y el de Francia en el siglo XVIII

Ένα προλεταριάτο πιο προηγμένο από εκείνο της Αγγλίας ήταν τον δέκατο έβδομο και της Γαλλίας τον δέκατο όγδοο αιώνα

y porque la revolución burguesa en Alemania no será más que el preludio de una revolución proletaria inmediatamente posterior

και επειδή η αστική επανάσταση στη Γερμανία δεν θα είναι παρά το προοίμιο μιας αμέσως επόμενης προλεταριακής επανάστασης

En resumen, los comunistas apoyan en todas partes todo movimiento revolucionario contra el orden social y político existente

Εν ολίγοις, οι κομμουνιστές παντού υποστηρίζουν κάθε επαναστατικό κίνημα ενάντια στην υπάρχουσα κοινωνική και πολιτική τάξη πραγμάτων

En todos estos movimientos ponen en primer plano, como cuestión principal en cada uno de ellos, la cuestión de la propiedad

Σε όλα αυτά τα κινήματα φέρνουν στο προσκήνιο, ως το κύριο ζήτημα σε κάθε ένα, το ζήτημα της ιδιοκτησίας

no importa cuál sea su grado de desarrollo en ese país en ese momento

ανεξάρτητα από το βαθμό ανάπτυξής της στη χώρα αυτή τη στιγμή

Finalmente, trabajan en todas partes por la unión y el acuerdo de los partidos democráticos de todos los países

Τέλος, εργάζονται παντού για την ένωση και τη συμφωνία των δημοκρατικών κομμάτων όλων των χωρών

Los comunistas desdeñan ocultar sus puntos de vista y sus objetivos

Οι κομμουνιστές περιφρονούν να κρύψουν τις απόψεις και τους στόχους τους

Declaran abiertamente que sus fines sólo pueden alcanzarse mediante el derrocamiento por la fuerza de todas las condiciones sociales existentes

Δηλώνουν ανοιχτά ότι οι σκοποί τους μπορούν να επιτευχθούν μόνο με τη βίαιη ανατροπή όλων των υφιστάμενων κοινωνικών συνθηκών

Que las clases dominantes tiemblen ante una revolución comunista

Ας τρέμουν οι άρχουσες τάξεις μπροστά σε μια κομμουνιστική επανάσταση

Los proletarios no tienen nada que perder más que sus cadenas

Οι προλετάριοι δεν έχουν τίποτα να χάσουν εκτός από τις αλυσίδες τους

Tienen un mundo que ganar

Έχουν έναν κόσμο να κερδίσουν

¡TRABAJADORES DE TODOS LOS PAÍSES, UNÍOS!

ΕΡΓΑΖΟΜΕΝΟΙ ΌΛΩΝ ΤΩΝ ΧΩΡΩΝ, ΕΝΩΘΕΊΤΕ!